北京青年政治学院

U0518991

中国农村的
金融生态问题

ZHONGGUO NONGCUN DE JINRONG SHENGTAI WENTI

张子荣◎著

知识产权出版社
全国百佳图书出版单位

图书在版编目（CIP）数据

中国农村的金融生态问题/张子荣著. —北京：知识产权出版社，2016.3
ISBN 978 - 7 - 5130 - 3982 - 6

Ⅰ. ①中… Ⅱ. ①张… Ⅲ. ①农村金融—研究—中国 Ⅳ. ①F832.35

中国版本图书馆 CIP 数据核字（2015）第 314718 号

内容提要

本书在研究方法上引入生态系统学的概念和理论分析框架，从而在更具有广泛性、动态性、系统性、整体性、层次性的视野内分析农村金融问题。首先考察了运用生态学概念、方法、理论研究农村金融问题的可行性，将生态学基本概念与农村金融的基本组成要素在最主要的相似性上进行仿生类比，并提出了运用生态系统理论考察农村金融问题需要的几个基本假设。其次，采用生态学概念和理论对农村金融进行了全景式的考察，对农村金融生态系统的内涵和主要构成进行了界定。最后，对农村金融体系的演进过程、农村金融生态主体、农村金融生态环境和农村金融生态的调节机制开展研究，并初步提出了评价农村金融生态的指标体系和评价方法。

责任编辑：蔡　虹

封面设计：刘　伟　　　　　　　　　　责任出版：刘译文

中国农村的金融生态问题

张子荣　著

出版发行：知识产权出版社 有限责任公司	网　址：http：//www.ipph.cn
社　址：北京市海淀区西外太平庄 55 号	邮　编：100081
责编电话：010 - 82000860 转 8324	责编邮箱：caihong@cnipr.com
发行电话：010 - 82000860 转 8101/8102	发行传真：010 - 82000893/82005070/82000270
印　刷：北京科信印刷有限公司	经　销：各大网上书店、新华书店及相关专业书店
开　本：787mm×1092mm　1/16	印　张：13
版　次：2016 年 3 月第 1 版	印　次：2016 年 3 月第 1 次印刷
字　数：190 千字	定　价：29.00 元

ISBN 978 -7 -5130 -3982 -6

CONTENTS

目　录

第一章　导　论

第一节　研究背景

农业、农村和农民问题是中国现代化最根本、最关键的问题。社会主义新农村建设为"三农"问题的解决提供了一个综合性方案。金融作为现代经济的核心，是社会主义新农村建设不可或缺的因素。然而目前我国农村金融未能充分支持农村经济社会发展，从而发挥促进新农村建设的作用。

一、农村金融与农村经济发展

资源配置是金融的基本功能，其优化程度反映了金融发展的效率，金融发展效率则直接影响经济增长速度。20 世纪 60 年代末，金融发展与经济增长的关系成为理论研究的对象，金融发展与金融深化理论得到了较快发展，在寻求金融与经济稳定增长的关系方面形成了基本一致的理论思想。金融对经济增长的作用通过有效使用投资资源和提高生产效率来实现，它的基本路径是金融发展和金融深化。金融结构理论认为，数量型金融变量及构成影响经济发展，戈德史密斯（Goldsmith）和佩特里克—波特（Porter R. C.）等人把金融深化构成作为影响经济增长的相关金融因素进行了研究。金融压制理论则强调价格型金融变量与经济增长之间的相关性，麦金农（Mathieson）和肖（Shaw）提出了"麦金农—肖假说"，认为价格型金融变量与经济增长相关。后来，加尔比斯（Galbis）、马西森（Mathieson）和弗莱（Fry）等人以假说基本内容为前提，对这个理论进行了修正。格林伍德和伊万诺维奇（Greenwood，J. and B. Jovanovic）、本奇文盖和史密斯（Bencivenga V. R. and B. D. Smith）、莱文（Levine. R.）、圣—鲍尔（Saint - Paul. G.）、金和莱文（King，R. G. and Levine）也先后提出不同的理论方法，把金融活动或金融服务与经济增长相联系。

农村金融发展与农村经济增长相互依赖，互为因果。一方面，农村金融市场的发展要以一定的经济增长为条件；另一方面，农村金融的发展对农村经济增长产生能动作用。由于这种相互作用，二者形成了相互促进、互为因果的关系。在这一因果关系中，前一作用是后一作用的基础；在一定的条件下，农村金融对农村经济增长产生能动作用。农村金融的能动性表现在它能够追随和促进农村经济增长，还在于它能够通过优先发展以带动农村经济增长。根据哈罗德—多马经济增长模型，经济增长由一国经济中的储蓄率、储蓄投资转化率以及资本产出比率决定，这三个经济变量都受到金融发展水平的影响。金融系统使储蓄流动、资源配置、风险管理及

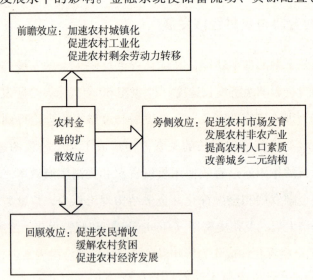

图1-1　农村金融的扩散效应

产品交换更加便利，通过"资本积累"和"技术创新"影响经济增长。农村金融发展降低了信息与交易费用，提高了储蓄率、储蓄向投资的转化率以及投资的生产效率，从而促进了农村经济增长。

作为资金的提供者，农村金融组织主要通过向农村输入资金促进农村地区的经济社会发展。农村金融体系具有较强的扩散效应，它通过前瞻效应、旁侧效应和回顾效应对农村经济产生直接影响。农村金融体系若能适应农村金融需求并良性运作，将促进农村经济社会协调发展。

二、问题重重的中国农村金融

（一）农村金融机构对农村的系统性负投资

系统性负投资是指银行或其他金融机构从一个地区吸收储蓄，而未按照相应的比例向该地区投放贷款。检测系统性负投资的方法之一是审查金融机构对某地区的贷款与储蓄比率。

从历史及当前情况来看，中国农村金融已经出现了系统性负投资现象。经验数据表明，中国农业银行、农村信用社、农村邮政储蓄及其他金融机构都在不同程度地从农村地区吸走大量资金，但是并没有以同样的比例向农村地区发放贷款。黄季焜认为，1978—1996 年农业资金通过金融渠道流出农村达 7 185 亿元。根据国务院发展研究中心的测算，1979—2000 年，通过农村信用社、邮政储蓄机构的资金净流出量为 10 344 亿元。中国社会科学院农村发展研究所和国家统计局农村社会经济调查总队测算，1994 年以来，农村地区通过金融渠道每年的净资金流出高达 568.2 亿元。图 1–2 表明，尽管我国农村信用社的贷款余额逐年增加，但是由于贷款余额的增长幅度始终小于存款余额的增加幅度，农村信用社在农村地区的负投资呈现逐年扩大的趋势。据对山东省 LC 市的调查，其 2007 年农村地区通过金融机构的信贷资金净流出量达到 17.3 亿元（见表 1–1）。

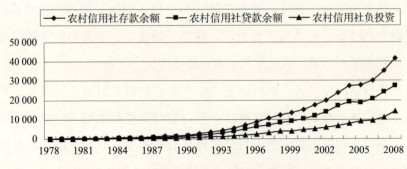

图 1-2　农村信用社存贷款余额及负投资量（亿元）

数据来源：各年度《中国农业发展报告》。

表 1-1　中国农村地区货币需求与货币供给缺口（单位：亿元）

年份	以农村 GDP 计算			以第一产业计算			以农林牧渔总产值计算		
	农村 GDP	货币需求	供需缺口	第一产业	货币需求	供需缺口	农林牧渔总产值	货币需求	供求缺口
1980	1 667	617	105	1 359	503	-9	1 859	688	176
1985	3 917	2 130	956	2 542	1 382	208	3 620	1 968	794
1990	8 903	7 341	5 106	5 017	4 137	1 902	7 662	6 317	4 083
1995	30 175	31 347	23 955	11 993	12 459	5 067	20 341	21 131	13 739
1998	40 818	54 446	42 256	14 552	19 410	7 222	24 542	32736	20 547
2000	45 450	68 387	53 388	14 628	22 010	7012	24 916	37 490	22 492
2001	48 560	78 998	62 093	15 412	25 072	8 167	26 180	42 589	25 685
2002	51 959	91 397	72 227	16 117	28 351	9 181	27 391	48 181	29 011
2003	55 596	104 780	81 704	16 928	31 904	8 828	29 692	55 959	32 883
2004	59 488	108 993	—	20 768	38 051	—	36 239	66 396	—

资料来源：刘仁伍. 新农村建设中的金融问题研究［M］. 北京：中国金融出版社，2006.

（二）农村金融组织缺乏多样性和竞争性

20 世纪 90 年代中后期，国有商业银行开始走商业化道路，它们大规模地收缩机构布局，实行大银行、大城市和大行业发展战略，逐步压缩基层机构，退出县级以下农村金融市场。1998—2001 年，国有独资银行撤销基层机构4.4万个，精简员工24万人。数据显示，1998—2001年间，中国银行的分支机构减少2 722家，撤并县支行246家，县支行总数较1997年年底减少22%。在这期间，中国工商银行撤并了8 700个分支机构。中国建设银行缩减3 601个县级支行，1998—1999年累计净减4 000余个营业网点。中国农业银行的网点数量从6万个降至4.4万个。据中国银监会统计，2009年年底全国县以下（含县级，下同）银行业金融机构的营业网点有12.7万个，占全国银行业金融机构网点总数的65.7%。2007年年底，县以下农村地区各项存款余额为10.16万亿元，占全国的23%；县及县以下农村地区贷款余额为5.72万亿元，占全国的22%；县以下农村地区农户贷款余额为1.31万亿元。从结构上看，城乡金融存在较大失衡。

（1）县以下农村地区人均金融网点占有率低。县以下农村地区每万人拥有金融机构营业网点数仅为1.26个，城市则达到了2个。

（2）金融服务难以覆盖到乡镇一级。尽管平均每县的金融网点达到50多个，但是30%以上分布在县城城区，平均每乡镇的网点数不足3个，仍有3 302个乡镇没有设立任何银行业金融机构营业网点。

（3）乡镇一级未形成有效竞争的金融市场。目前非县城所在地乡镇的银行业金融机构主要是农村信用社和邮政储蓄机构，只设有1家银行业金融网点的乡镇还有8 231个，当地金融市场基本属于垄断经营，没有形成有效的竞争环境。对山东省LC市的调查表明，农户每万户拥有的金融机构网点数约为5个（见表1-2），但是，乡镇以下区域的农户每万户金融机构网点拥有率则明显低于这一比率。

（三）农村金融供给与需求的缺口巨大

近年来，我国农村资金需求总量不断增加，农村资金供给的增长速度远不及农村资金需求的增长速度，农村资金供求缺口巨大。如图1-3所示，我国农业贷款占全国贷款余额的比重呈逐年下降的趋势。

表1-2 山东省 LC 市农村金融发展状况统计表（2008 年）（单位：万元）

指标名称	县域金融机构合计	农业银行	农村信用社	农村合作银行	农村商业银行	农业发展银行	邮政储蓄机构	其他银行金融机构	非银行金融机构
农户数（万户）	105.71								
企业数（个）	23 170								
获取农村金融服务的企业（个）	22 886								
获取农村金融服务的农户（万户）	99.69								
金融机构网点数（个）	543	40	220			7	138	57	81
金融机构从业人员数（万人）	6 374	1 000	2 517			138	767	873	1 079
各项存款	4 322 078								
各项贷款	3 614 436	421 474	1 353 421	0	0	370 485	2 917	1 466 139	
政策性贷款	279 485	0	0	0	0	279 485	0	0	
农业贷款	1 989 302								
农户贷款	459 707								
民营企业贷款	528 010								
农村个人消费贷款	150 555								
小额贷款总量	425 789								
其中：扶贫贴息贷款	21 722								
小额信用贷款	147 273								
农户联保贷款									
小企业贷款	242 744								
信贷资金流出合计	888 975	103 961	149 715			87 755	124 961	422 583	
通过邮储汇出（单列项）	142 716								
信贷资金流入合计	716 186	46 411	-14 855			152 562	47 741	484 327	
信贷资金净流出（＋）流入（-）	172 789	57 550	164 570			-64 807	77 220	-61 744	

资料来源：中国人民银行 LC 市中心支行。

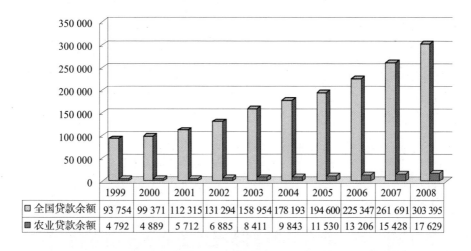

图 1 - 3　1999—2008 年农业贷款与全国贷款余额变动情况（单位：亿元）

	1999	2000	2001	2002	2003	2004	2005	2006	2007	2008
全国贷款余额	93 754	99 371	112 315	131 294	158 954	178 193	194 600	225 347	261 691	303 395
农业贷款余额	4 792	4 889	5 712	6 885	8 411	9 843	11 530	13 206	15 428	17 629

　　刘仁伍以货币需求的交易方程式解释理论为基础，测算了我国农村地区的金融供求缺口。数据显示，1980 年以来，我国农村地区一直是货币需求大于货币供给，货币需求缺口逐年扩大。以第一产业为计算基础，我国农村地区货币供给与需求的缺口从 1995 年明显加大，1998 年突破 7 000 亿元，2002 年开始突破 9 000 亿元。由于第一产业只代表传统意义上的农业，并没有反映出农村地区的非农产业，并不能真正反映农村 GDP 与农村经济发展规模，因此，据此算出的缺口是一个低估的结果。以农林牧渔总产值进行测算，则 1998 年以来农村地区的货币供给与需求缺口基本上都在 2 万亿元以上，到 2003 年达到了 3.29 亿元。如果使用农村地区 GDP 来测算，反映的货币供求缺口更是惊人地达到了 8.17 万亿元。对山东省 LC 市农村信贷供求的调查，也印证了农户、个体工商户、农村企业等各类资金需求者都存在资金得不到满足的情况（见表 1 - 1）。

　　农村地区的资金投放与供应，远远低于农村经济规模与发展等因素所决定的内生性货币需求，是农村经济金融发展中相当突出的问题。

表1-3　山东省LC市农村金融供求状况调查表（单位：万元）

项目	2004年			2005年			2006年			2007年			2008年1~6月		
	农户	个体工商户	企业	农户	个体工商户	企业	农户	个体工商户	企业	农户	个体工商户	企业	农户	个体工商户	企业
县（乡、村）人口	623 106			627 522			632 109			636 321			640 968		
县（乡、村）户数	108 750	46 607	417	109 520	46 937	417	110 326	47 282	417	111 047	47 591	417	111 860	47 940	417
存款户数（户）	21 437	103 810	954	523 651	243 567	1 020	500 131	214 342	866	552 689	236 867	747	611 976	262 275	728
存款余额	127 466	54 628	40 174	451 625	193 553	74 469	237 421	101 752	8 645	211 149	90 493	7 118	249 470	106 916	9 174
贷款户数	16 280	6 391	365	15 384	8 429	372	19 204	8 230	372	16 148	6 921	372	19 175	8 218	189
贷款余额	28 257	11 637	167 626	28 064	22 487	188 259	61 998	21 163	204 916	29 842	17 239	240 345	43 314	13 474	226 923
贷款平均利率（%）	7.56	10.08	7.56	8.45	9.45	9.36	8.64	10.3	9.41	9.41	10.4	10.61	9.22	9.96	10.58
贷款期限	6个月到1年	6个月到1年	6个月到1年	6个月到1年	6个月到1年	6个月到1年	6个月到1年	6个月到1年	6个月到1年	6个月到1年	6个月到1年	6个月到1年	6个月到1年	6个月到1年	6个月到1年
贷款用途	种植	生意	进货	化肥	生意	进货	化肥	生意	进货进料	化肥农药	生意	进货进料	大棚	生意	进货进料
贷款需求总量	5 041	4 963	16 978	170 392	49 035	323 227	203 451	59 432	193 423	48 035	11 235	212 348	44 150	1 845	123 680
贷款供给总量	4 695	4 394	16 167	168 404	45 591	304 774	119 381	54 167	186 308	46 987	10 914	201 477	43 075	1 360	118 805

资料来源：中国人民银行LC市中心支行。

（四）农村金融产品和服务方式落后

这主要表现在结算工具传统落后，信贷产品单一、中间业务产品发展较慢，利率结构简单。在农村地区，支付结算、信用卡和汇兑等传统金融业务发展不足，农村保险、担保和信用等金融服务基础建设严重落后。农民收入水平低，农村经济组织实力弱，农村土地、宅基地和房屋等存在流转方面的限制，不具备保值、升值的功能，造成农民获取金融支持的担保能力不足。农村地区的交通、通信、教育、水电等公共服务产品供给不足，限制了农村金融服务的进一步改善。

三、"金融生态"概念的提出

在理论和实务界，为解决农村金融促进农村发展的问题，研究者提出了许多见仁见智的意见。农村金融体制改革也部分地解决了一些问题。然而总体上，农村金融与农业发展不协调的状况仍然没有改变。人们逐渐地认识到，正如"三农"问题不是农业、农村和农民自身造成的，不可能在农业、农村和农民内部得到解决，农村金融问题也不是金融本身造成的，农村金融改革也难以在金融体系内部完成。其根本原因在于农村金融与其生存和发展环境的强相关性（不同于城市金融越来越明显的虚拟化趋势）。农村金融问题的成因不能单方面从金融部门寻找，还要分析和研究金融部门之外的因素，即要将农村金融问题放在一个系统的环境内进行思考，这个系统不再只是传统意义上由金融机构和金融市场等构成的金融系统，而是一个包括经济发展、法律制度、政府行为、信用文化等的综合性系统。农村金融问题的解决与农业、农村、农民问题的解决事实上已经成为相辅相成、互为因果的同一问题的两个方面。

2004 年以来，"金融生态"的概念逐渐被学术界认识和接受，它把金融问题的研究引入了一个新的视界（这个概念当然不是单纯为了解决农村金融问题）。金融生态是一个仿生概念，在研究的方法论上是金融学、系统生态学、经济学、管理学等的多学科交叉研究。生物学上的生态系统是指在一定的空间内生物的成分和非生物的成分通过物质的循环和能量的流动互相作用、互相依存而构成的一个生态学功能单位。运用生态学的方法和成果来分析和考察金融问题则不难发现，金融部门和它所联系的金融环境也是一个具有很多生态学特征的系统，是一种具有自己的结构特征和功能特点的"生态秩序结构"。金融部门和金融部门所提供的服务，正是在这样一个生态系统中或者正常发展，或者积聚风险，从而影响实体经济的。

已有研究表明，金融生态概念对于农村金融问题具有较好的理论解释力。运用生态系统的概念和分析框架来研究农村金融问题，能够适应我国农村金融和农村发展的特质。该研究对于全面地理解农村金融问题的成因，促进农村金融生态主体和金融生态环境协调发展，对于构建一个整体性、生态性、层次性、开放性和动态性的农村金融体系，整体地解决农村金融支持新农村建设的问题，具有重要的理论和实践意义。

第二节　文献综述

一、学术传统与理论渊源

金融生态系统的概念及研究框架是近年来由中国学界首创的。就目前而言，国外直接涉及金融生态领域的研究比较鲜见，而以其他领域的生态问题和以生态学为方法论研究的居多。这里主要讨论金融生态产生的学术传统和具体的理论渊源。

金融生态理论是学科交叉的产物，在更广阔的学术传统上是社会科学与自然科学（生物学）相互借鉴的产物。植物学之父林奈将他的巨著冠名为《自然的经济体系》。他把生态比作经济，认为上帝是设计了地球大家庭的超级经济师，其使大自然中的生产和效率最大化。达尔文偶然读到马尔萨斯的《人口论》，联想到生存斗争驱使物种不断演变的主要动力应该是自然选择作用，"于是，我终于形成了一个能用来指导我工作的理论（注：进化论)"。社会学教父孔德在其著名的学科划分中将生物学和社会学比邻而居,且使之处于更高的位置。斯宾塞比孔德更重视社会与生物体的对比,提出了社会进化论,接受了达尔文的某些观点。经济学家马歇尔在《经济学原理》第 8 版序言中写有"经济学家的目标在于经济生物学,而不是经济力学",并在书中运用"适者生存"的规则解释了工业组织之间的竞争。赫伯特·西蒙吸收生物学的思想实质,融合经济学与生物学的思想,讨论了适应、生态环境、利他、社会进化、文化进化和理性进化等问题。自由主义思想家哈耶克则在《致命的自负》中讨论了自组织、自生长、秩序的扩张等这些贯穿于生物世界和人类社会的现象。产生不到 20 年的新兴经济学流派——现代演化经济学,更是吸收借鉴生物学方法及成果研究现代经济问题的杰出代表。

自然科学(生物学)与社会科学直接结合的最典型产物是生态经济学。金融生态作为一个仿生概念,其理论直接来源于此。20 世纪 20 年代中期,美国科学家麦肯齐首次把生态学的概念运用到人类群落和社会的研究之中,主张经济分析不能不考虑生态学过程,这可以说是生态经济学的逻辑起点。20 世纪 60 年代,美国经济学家肯尼斯·鲍奈丁在《一门科学:生态经济学》中正式提出了生态经济学的概念。此后,生态学的概念和相关理念被广泛应用于经济社会领域,主要成果如罗马俱乐部的《增长的极限》、英国生态学家爱德华·歌德史密斯的《生存的蓝图》、法国学者加博的《跨越浪费的时代》,以及美国外交关系委员会的《60 亿人:人口困境与世界对策》、朱利安·西蒙的《最后的资源》等。莱斯特·R. 布朗在《生态经济》中提出经济是地球生态系统的一部分,只有调整经济,使之与生态系统相适合,才能实现经济的持续发展。不断深化的生态经济学为我们从生态角度透视金融环境问题奠定了理论基础。生态学中的一些概念,如生产者、消费者等,也直接地来源于经济学。

从可追溯的理论渊源来说,金融发展理论、金融结构理论、金融功能理论等无不在一定的意义上蕴含了金融生态思想。

（一）金融发展理论

20世纪60年代末，金融发展理论开始萌芽。1966年，帕特里克（T. Patrick）发表了《欠发达国家的金融发展与经济增长》，提出了金融发展的原因及金融在经济发展中的地位和作用问题，这是有关金融发展理论的最初论述。1973年，麦金农（Mathieson）的《经济发展中的货币与资本》和肖（Shaw）的《经济发展中的金融深化》标志着以发展中国家（地区）为研究对象的金融发展理论的产生。他们提出的金融抑制和金融深化理论在经济学界引起了强烈反响，被认为是发展经济学和货币金融理论的重大突破。20世纪80年代以后，美国经济学家斯蒂格利茨等人以发达的金融市场为对象、不完全信息为基础，提出了信贷配给理论。

这些金融发展理论结合内生增长理论等主流经济学的最新成果，对金融在经济体系中的效能做了技术性的探讨与诠释。西方金融发展理论的一个共同特点就是强调金融与经济发展的关系，以及市场价格机制在金融发展中的作用。其中蕴含两方面的金融生态思想：一是金融的发展必须遵循其自身的内在规律，人为（政府管制）地过度干预都会导致金融发展的失衡；二是金融的发展对经济发展起到至关重要的作用，也就是说金融的发展与其外部环境（特别是经济环境）密切相关。

（二）金融结构理论

经济学家对金融结构理论的研究始于20世纪50年代。1955年和1956年，约翰·G. 格利（Gurley）和爱德华·S. 肖（Shaw）合作发表了《经济发展的金融方面》和《金融中介机构与储蓄——投资过程》两篇论文；1955年，Goldsmith发表了《发达国家的金融结构与经济增长》。这三篇论文启动了金融结构理论研究。Gurley和Shaw于1960年又合作出版了《金融理论中的货币》，这是他们对以前关于金融与经济关系的观点的汇总和发展，提出了广义的货币金融理论的金融结构理论。1969年，戈德史密斯出版了《金融结构与金融发展》，这是一部系统研究金融结构的著作，对跨度达百余年的金融发展及36个国家的金融结构进行了比较研究，创立了金融结构理论。他指出，不同类型的金融工具与金融机构的存在、性质以及相对规模就体现了一国的金融结构。20 世纪 90 年代，内生金融增长理论以传统的金融结构理论为基础，吸收了信息经济学的思想后应运而生。其理论架构侧重于对内生金融机构的分析。杜塔与卡普尔等分别从提供流动性、信息成本优势、空间分离与有限沟通以及当事人的流动性偏好与约束的角度，论证了金融机构的形成过程与存在意义。格林伍德与史密斯则对于金融市场的内生形成过程与存在意义做了深入的探讨。King R G 和 R Levine、Levine R. 和 S Zervos、里甘与津格尔斯（Rajan，Luigi Zingales）在实证上从不同角度研究了金融结构与经济增长之间的相互关系。他们共同开创了一个广阔的内生金融增长研究领域。

金融结构理论对于金融生态理论具有重要的启示意义，其研究的一部分领域也是金融生态理论的研究内容。金融结构理论着眼于从金融体系内部结构各个组成部分的相互关系及其变动趋势来研究金融与经济的关系。一国的金融结构随时间的推移而发生变化，正是金融结构从简单到复杂、从低级到高级的变化推动了金融和经济的发展。

（三）金融功能理论

传统的金融功能观认为金融有信用媒介和信用创造两大功能。信用媒介论肇始于 18 世纪，盛行于 19 世纪前半叶，代表人物有亚当·斯密、大卫·李嘉图、约翰·穆勒。其认为金融信用仅是转移和再分配现有资本的工具，并不能创造出新的资本。信用创造论于 19 世纪后半叶出现，主要代表人物有 19 世纪的麦克鲁德、20 世纪的熊彼特和哈恩等。这种金融功能观认为，信用就是资本，信用能够形成资本，银行的本质在于创造信用。格利和肖认为金融发展还表现为金融手段的发展，包括分配手段和中介手段。中介手段是金融机构创造多样化的金融资产，使储蓄向投资的转化更加顺利。可见，格利和肖的金融功能观主要是指中介功能。戈德史密斯在《金融结构与金融发展》中体现的金融功能观则除了中介功能外，还包括动员储蓄的功能。内生金融增长理论所持的金融功能观认为，金融体系的主要功能是在不确定的环境中便利资源在时间和空间上的配置。默顿（Merton R.）和博迪（Z. Bodie）于 1993 年提出了基于金融市场和金融中介的功能观点的金融体系改革理论，即"功能观点"。其认为金融功能比金融机构更稳定，随着时间的推移和区域的变化，金融功能的变化要小于金融机构的变化；金融机构的功能比金融机构的组织结构更重要。功能观点适用于对整个金融体系层面、机构层面进行分析。从体系层面来看，为了使一国金融体系更好地履行其经济功能，必须具备与这一功能目标相适应的产品形态结构、机构形态结构和市场形态结构；从机构层面来看，金融机构形态履行何种功能不应由政府当局人为地划定，限制来自其他机构或市场的竞争，而应由市场和这一机构的核心优势来决定，执行一项或多项功能。

金融功能理论旨在解释金融能够影响经济的原因。金融功能理论各派别强调了金融体系所具有的各种功能，有利于理解金融体系存在的原因，但是该理论没有揭示出金融功能在历史演进中呈现出来的延续性和递进层次。

上述金融理论都从不同的侧面帮助人们深化了对金融的认识，但是没有一种理论描绘出一个整体的金融观。其主要原因是，其在研究的方法论上始终没有突破西方主流经济学的以定量、还原和均衡为核心的机械主义、物理主义。

二、国内金融生态研究

中国学界近年来提出的金融生态概念和理论，是在把金融作为生命体，放到更广阔的生存和发展空间，采用生态学的方法论进行研究的。

（一）关于对金融生态概念的讨论

金融生态系统是一个具有独创性的仿生学概念，它借用生态学理论，为理解金融体系的运行及其同经济社会环境之间的相互依存、彼此影响的动态关系提供了全新视角。关于"金融生态"概念，主要代表性的观点如下。

周小川认为，"金融生态"是指金融运行的外部环境、金融运行的一些基础条件，法律制度环境是金融生态的主要构成要素，其次还包括市场体系的完善程度、中介服务体系的完善程度，企业改革、银企关系也是改善金融生态的重要内容。

李扬提出，"金融生态"这个概念在国外是没有的，这是一个非常具有中国特色的概念。他把金融生态系统定义为由金融主体及其赖以存在和发展的金融生态环境构成，两者之间形成彼此依存、相互影响、共同发展的动态平衡系统。

徐诺金将金融生态概括为各种金融组织为了生存和发展，与其生存环境之间及内部金融组织相互之间在长期的密切联系和相互作用过程中，通过分工、合作所形成的具有一定结构特征，执行一定功能作用的动态平衡系统。

苏宁则指出，"金融生态"是一个比喻，它不是指金融业内部的运作，而是借用生态学的概念来比喻金融业运行的外部环境，主要包括经济环境、法制环境、信用环境、市场环境和制度环境等。

张鹏、姜玉东认为，金融生态是在一定时间和空间范围内，金融市场、金融机构、金融产品要素之间及其与外部制度环境之间相互作用过程中，通过分工、合作所形成的具有一定结构特征，执行一定功能作用的动态平衡系统。

萧安富、徐彦斐从微观角度界定了金融生态应包含经济结构和制度环境两个因素。

从以上的分析中可以看出，研究者在对金融生态的内涵和外延的界定上都存在很大的分歧。"金融生态""金融生态系统""金融生态环境"等概念在很多场合是在同一意义上被不加区分的同时使用的。这是在知识创新的初期阶段非常容易形成的纷繁复杂的"概念丛林"现象。这些讨论的复杂性主要源自不同的生态经济学思想。大致来说，一是"环境观"，来自早期的生态经济学观点；二是"结合观"，认为金融生态是金融与生态的结合，生态经济学是经济学和生态学的边缘学科；三是"仿生观"，来自生态经济学是借鉴生态学的观点；四是"经济生态观"，认为金融本身就是一种生态，这种观点基于经济生态学（或经济演化理论）。曾康霖对目前金融生态概念的争议情况进行了简要的评论。

(二) 关于金融生态环境因子的研究

金融生态环境由多种因子构成，包括经济基础、法律制度、社会信用体系、政府行为等多个层面。这些因子遵循生态学规律，从不同的方面发挥作用，影响着金融生态的变迁。研究金融生态环境因子及其作用机理，成为改善金融生态结构、增强金融生态功能的重要依据。

1. 经济基础与金融生态

金融服务于经济发展，金融发展的动力也主要来自其所依存的经济基础，因此，经济基础是构成金融生态环境的重要因素。

杨子强认为，区域经济发展是金融生态环境建设的基础，经济决定金融，小经济孕育不出大金融，紊乱的经济体系产生不了有序的金融市场，稳定的经济环境是金融稳健经营的前提，健全的产业结构是金融发展壮大的依托。

萧安富从微观案例入手，从金融生态对资金配置效率的分析出发，认为经济结构是金融运行的基本生态环境，制度结构是金融运行的规则和文化因素，金融生态制约着社会资金配置的总量和效率。

2. 法律制度与金融生态

由于政治、经济、文化的许多特征是通过法律制度来体现的，因此，法律制度成为金融生态中的重要因素，受到了学界的普遍关注。

周小川认为，法律环境会直接影响金融生态，在某种程度上从计划经济向市场经济转轨过程中的基本问题是"财务软约束"，它是否依然会继续存在，在很大程度上要靠法制的转变和完善。

李晓西借助生态学的理念分析了中国金融法制环境的功能。他从生态的有机性分析法律的适用性，从生态的系统性分析法律的完整性，从生态的灵敏性分析法律的有效性，从生态的自组织性分析法律的秩序性，提出要保护金融组织的合法权益，促进金融体制改革和法律完善有机结合，推动金融生态环境的不断优化。

皮天雷运用新制度经济学的相关理论阐释了金融生态环境建设的核心是法律制度建设，并就如何在中国建立起符合市场经济要求的金融法律制度提出建设性的看法。

齐亚莉认为，金融机构破产制度是实现金融生态平衡的制度保证。

3. 社会信用体系与金融生态

金融交易通常是一种承诺，时间和空间上的分离带来了不确定性和信息不对称性，易导致道德风险和逆向选择。好的信用体系应对不守信用的主体给予惩罚，对讲信用的主体提供方便，从而有效遏制信用问题的发生。

敖惠诚指出，经济契约化是市场交易的基本特征之一，对企业来说，诚实守信代表着履约的意愿和可能性，是企业参与市场交易的基本条件，更是进入融资市场的必要条件。对居民来讲，诚信记录是影响其生存和发展的关键因素。他认为，信用市场发育程度和诚信状况是衡量金融生态环境的核心因素。

贾广军通过对当前中国金融生态健康问题进行诊断，并根据最小因子定律、比较优势等原理，分析了构建信用体系对金融生态环境建设的必要性和可行性。

王旭分析了信息不对称条件下金融企业面临的利率风险、融资契约风险、融资担保风险和信贷配给风险，提出基于信息不对称的金融生态下的社会信用环境治理对策。

4. 政府行为与金融生态

政府以多种身份（监管者、融资者、地方和企业利益的保护者等）和金融业发生着复杂的联系，在金融生态环境中具有重要地位。

曹红辉从政府政策制定者的角度，从差异化的改革开放政策、差异化的财政分配政策、差异化的区域税收政策、差异化的区域投资政策、差异化的金融政策五个方面分析了区域金融生态环境的非均衡性，提出应通过推进区域协调发展战略修正地方政府在金融生态建设中的行为，提升区域金融生态环境质量。

齐亚莉认为政府行为自始就是中国金融生态构建的关键因素和主导力量，指出中国金融生态问题的根源在于政府的金融控制和金融自然演进力量的不适应。

张韶辉认为，如果政府的过多干预超越了金融生态的调节机制（或完全取代调节机制），金融生态就会失去平衡。

（三）关于农村金融生态系统存在的问题

李爱喜、章玲超运用恢复生态学理论研究认为，中国农村金融生态系统功能正在逐步退化，主要表现在：农村金融生态主体多样性和数量减少、农村金融信息流动障碍和梗阻、农村资金循环链条断裂、农村金融生态系统生产能力和服务功能下降、农村金融生态系统稳定性下降。关于农村金融生态退化的原因，他们认为主要是：农村经济剩余的持续流出恶化了农村经济的可持续发展；农村金融体制改革不彻底导致农村金融生态主体缺乏活力；政府的行政干预破坏了农村金融生态系统的功能；配套机制建设不完善恶化了农村金融生态环境。

段军山认为，农村金融生态系统中的农村金融抑制了农村经济发展。由于农业较高的自然风险、农产品较明显的市场风险、土地制度的制约、较低的农村市场化程度等抑制了农户的生产性借贷资金需求（需求型抑制），农户对正规金融部门的资金需求相对有限；农户及农村中小企业很难从正规金融机构获得贷款（供给型抑制），原因在于中国现有的农村金融体系存在功能性缺陷。

郭晖认为农村金融生态主体严重失衡，经济主体与金融机构的良性互动机制受创。

吴治民和韩扬、李毓、李金峰等人的研究认为，当前农村金融生态建设面临的困境主要有：农村经济整体发展不容乐观，农村金融服务体系不完善，征信体系和中介市场建设严重滞后，对失信者缺乏惩戒机制，金融机构独立性差，等等。

（四）关于金融生态评价指标体系

李扬等运用因素分析法、层次分析法和数据包络分析技术等评价技术，对全国 50 个大中城市进行问卷调查，建立了中国城市金融生态环境评价体系。该体系由金融系统本身的现实表征分析、金融生态环境分析和金融生态系统效率分析三个层次构成，其中前两个层次均由三级指标构成。该研究对 50 个大中城市 2003 年和 2004 年的金融生态综合指数进行排名，分析了金融生态的大区域（东、中、西部）特征。

中国人民银行德阳市中心支行、绵竹市支行联合课题组提出了建立县域金融生态指标体系的指导原则（导向性、系统性、科学性、可行性、差异性原则），确定了指标的选择标准（评价价值、相关性、通适性标准）。

徐小林选择经济资本回报率作为衡量区域金融生态环境的核心指标，构建了三层次（核心指标、核心指标二因子、相关因素）的评价指标体系，并以具体数据分析了三个城市的金融生态环境状况。

刘晓云从信贷资金供需的角度研究了农村金融生态环境指标体系的构建，认为指标体系应当由包括影响信贷资金需求曲线斜率、位移和影响信贷资金供给曲线斜率、位移的四类指标构成。

中国人民银行南充市中心支行课题组设计的区域金融生态环境质量测评指标体系由经济运行指标、社会信用指标、交易保障指标、金融综合指标等四部类组成，其运用模糊隶属度函数法对指标作无量纲化处理，运用层次分析法和德尔菲法相结合确定指标权重，最后得出区域金融生态环境质量综合指数，用于金融生态环境质量的等级划分、纵向横向比较。

关于金融生态评价指标体系及评价方法的相关文献，本书在第六章有更为详细的综述。

（五）关于农村金融生态建设的对策

李爱喜、章玲超认为，农村金融生态依靠自我调节难以恢复，必须运用非自然恢复模式即依靠政策来恢复，提出重新构建一个多元化的农村金融结构体系，以外生政策支持恢复农村资金良性循环，实现农业产业化，增强农村金融生态自我调节能力等。

吴治民、韩扬分析了村镇银行在农村金融生态建设中的作用，认为发展村镇银行将促进多层次农村金融生态主体的构建，促进农村地区法制和信用环境建设，加快农村相关中介组织的发展。

谢启标，以及侯冬梅、苑晓东、吴麟提出，要立足三农经济，构建多元化、竞争、有序的农村金融服务体系，建立农村金融组织的稳定和创新机制，完善农村金融法制环境，加快社会征信制度建设，改善农村信用环境。

李毓提出要鼓励民间资本进入农村金融市场，允许经营规范、信誉业绩良好的民间金融机构自下而上地创建新的金融组织，使非正规金融逐步纳入正规金融体系建设。

第三节　研究思路与方法

一、研究思路

首先，从问题出发，分析农村金融存在的多方面问题。这些问题形成的原因各不相同，却有着共同的指向，即在相互作用中抑制着农村金融促进农村发展作用的发挥。其次，在研究方法上引入生态学的概念和分析框架，从而在更具有广泛性、动态性、系统性、整体性、层次性的视野内分析农村金融问题。再次，具体分析农村金融生态主体、生态环境的特性，金融生态平衡及调节机制。最后，对农村金融问题做出生态学意义上的回应，提出中国农村金融生态系统建设的政策建议。

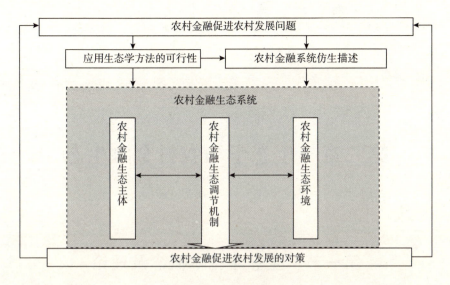

图 1-4 技术路线图

二、研究方法

（1）学科交叉研究：综合运用生态学、经济学、管理学等相关学科理论，建立基于生态学的农村金融问题分析框架，主要包括生态位理论及模型在农村金融系统研究中的应用等。

（2）文献研究：查阅该领域国内外相关研究资料，吸收借鉴已有研究取得的成果；通过历史文献研究，追溯中国农村金融体系的发展脉络，揭示历史演变中蕴含的基本规律或特征。

（3）规范分析：通过充分的抽象概括，提出解决农村金融促进农村发展问题的生态学对策。

（4）实证研究：采用某特定农村地区的金融统计数据，进行生态位态势、生态位宽度、生态位重叠等的实际测算，佐证经验研究的结论。

第二章 生态学与农村金融生态

第一节 生态学基本概念及理论

一、几个重要的基本概念

(一) 生态学

1858 年，Henry Thoreau 在一封信中最早使用了生态学（ecology）这个名词，但是并没有对其含义做出进一步的解释。ecology 源自希腊文的 oikoslogos 一词，而 oikoslogos 是由 oikos 和 logos 复合而成的。oikos 的意思是住所和栖息地，logos 的意思是学科、学问。ecology 最初的意思是指研究生物栖息环境的科学。

德国动物学家赫克尔（Ernst Haeckel）在 1896 年首次对生态学做出定义，他认为生态学是研究生物与其有机环境和无机环境之间全部关系的科学。1966 年，戈德史密斯（RW. Goldsmith）认为"eco‑"代表生活之地，因此生态学是研究有机体与生活之地相互关系的科学，所以也可以把生态学称为环境生物学（environmental biology）。1971 年，奥德姆（E. Odum）将生态学定义为研究生态系统结构与功能的科学，认为研究内容包括：一定地域内生物的种类、数量、生活史及其空间分布；该地域非生命物质的质量和分布；各种环境因素；能量流动和物质循环；环境与生物的相互调节。

（二）物种，种群，群落

（1）物种（species），是生物学的基本单位。物种内互交繁殖，与其他群体在生殖上相互隔离，并在自然界占据一个特定的生态位。

（2）种群（population），是在一定空间范围内同时生活着的同种个体的集群。

（3）群落（community），是指具有直接或间接关系的多种生物种群的组合，有着复杂的种间关系。生物群落有一定的生态环境。生态环境越优越，组成群落的物种种类和数量就越多，反之就越少。群落中每个种群都要求有一个特定的生态条件，结构层次不同，其生态条件也不一样。因此，群落中每个种群都选择生活在适宜生态条件的结构层次上，从而构成群落空间结构。群落的空间结构越复杂，种群对资源的利用就越充分，生态位就越多，生物之间的竞争就相对较小，群落结构也就相对稳定。

（三）生态系统

生态系统（ecosystem），是在一定空间中的所有生物与生存环境之间在不断的物质循环和能量流动过程中形成的统一整体。不同生态环境中的生物组成各具特点，其中的生物和非生物成分构成了一个相互作用、相互依存、相互影响的统一整体。生态系统具有如下一些特征：

（1）生态系统属于生态学研究的最高层次，是生态学的一个主要结构和功能单位。

（2）生态系统具有自我调节能力。一个生态系统的结构越复杂，物种的数目越多，其自我调节的能力也就越强。但是这种自我调节能力是存在一定限度的，超过一定限度，自我调节就会丧失其作用。

（3）生态系统具备三大功能，即能量流动、物质循环和信息传递。能量流动是单方向的，物质流动是循环式的，信息传递则是一个包括营养、化学、物理及行为等信息的网络。生态系统调节功能的失效，通常是物种组成变化、环境因素变化和信息系统破坏导致的。

（4）生态系统是一个动态系统。它要经历一个从简单到复杂、从不成熟到成熟的发育过程。

生态系统的结构有两种理解形式。一是形态结构，如生物种类、种群数量、种群的空间格局等。形态结构与生物群落的结构特征一致，此外有非生物成分以及消费者、分解者的形态结构。二是营养结构，营养结构是以营养将生物和非生物结合起来的功能单位，构成生产者、消费者和分解者。它们与环境之间发生密切的物质循环和能量流动。任何一个生态系统从形态上都由生物和非生物两部分组成，从营养结构上又可再分，如表2-1所示。

表2-1　生态系统构成

非生物	无机物	无机元素和化合物，如二氧化碳、水、氮、磷、钾和各种无机盐等
	有机物	蛋白质、糖类、脂类和腐殖质等
	气候	温度、湿度、压力、光照等
生物	生产者	能从简单的无机物制造食物的自养生物，主要包括各种绿色植物、藻类和可进行光合作用的细菌
	消费者	直接或间接依赖生产者所制造的有机物质，主要包括各种食草动物和食肉动物
	分解者	把动物体中的复杂有机物分解并释放出能量和为生产者重新利用的简单化合物

二、生物间关系理论

所谓的生物间关系，指不同物种、种群之间的相互作用所形成的关系。种群的相互关系可能是间接的，也可能是直接的；可能是有利的，也可能是有害的。生物间关系按类型可以简单地分为三大类。

（一）正相互作用

正相互作用可以分为偏利共生、互利共生和原始协作三类。

（1）偏利共生。一种生物在相互关系中获得生存利益；另一方生物则既未获得任何利益，也没有受到任何损害，只是带动对方去获利。例如，鲫鱼的背鳍演变成吸盘，可以吸附在鲨鱼的身上；鲨鱼捕获猎物并撕裂吞食的时候，鲫鱼就顺便偷吃残存的食物。

（2）互利共生。这是对双方都有利的共生方式，大部分的生物是依赖互利共生的。例如，白蚁和肠内鞭毛虫之间就是一种互利共生关系。白蚁以木材为食，但是它必须依靠肠内的鞭毛虫分泌的酶才能将木材中的纤维素分解，分解后的产物供双方利用。

（3）原始协作。其主要特征为两种群相互作用，双方获利，但协作是松散的，分离后，双方仍能独立生存。例如，蟹背上的腔肠动物对蟹能起伪装保护作用；而腔肠动物又利用蟹作为运输工具，从而得以在更大范围内获得食物。

（二）负相互作用

负相互作用包括竞争、捕食、寄生和偏害等。

（1）竞争。竞争在两个物种利用同一资源，如食物、空间等时产生。两个物种的共同生态要求越多，种间竞争就越激烈。生态要求完全一致的两个物种在同一群落中无法共存，这一基本生态学原理称作竞争排除原理。

（2）捕食。广义的捕食者包括四种类型：①传统意义的捕食者。捕食者捕食其他生物，以获得自身生长和繁殖所需的物质和能量。②拟寄生者。这主要是膜翅目和双翅目的昆虫，它们在成虫阶段自由生活，却将卵产在其他昆虫身上或周围，幼虫在寄主体内或体表生长发育，最终把寄主消耗尽而使之死亡。③寄生者。寄生者通常生活在寄主体内，从寄主那里获得物质，但一般情况下寄生者并不导致寄主死亡。④食草动物。

（3）寄生。生活在一起的两种生物，如果一方获利并对另一方造成损害，就称为寄生。寄居在别种生物身上并获利的一方叫寄生物，被寄居并受害的一方叫寄主。

（4）偏害。这是指两个物种共同生存，一个物种对另一物种起抑制作用，自身不受影响。

（三）中性作用

这是指两个或两个以上的物种经常一起出现，但彼此不发生任何关系，互相无利也无害。

三、生物与环境间关系理论

（一）环境

环境指生物有机体周围一切的总和，包括空间及影响有机体生活和发展的各种因素，包括物理化学环境和生物环境。环境是一个相对的概念，是相对于某一特定的主体或中心而言的。在讨论生态学问题时，由于其对象可指生物、种群和生物群落，因此环境所包括的范围和要素也会有所不同。

（二）生态因子及其分类

生态因子（ecological factors）是指环境中对生物的生长、发育、生殖、行为和分布等有直接或间接影响的环境要素。生态因子通常可以分为生物因子和非生物因子两大类。生物因子包括同种生物的其他有机体和异种生物的有机体，非生物因子包括光照、温度、湿度、氧等。

（三）生态位

格林尼尔（J. Grinnell）最早在生态学中使用生态位的概念，认为生态位是用来表示栖息地再划分的空间单位。他将生态位定义为物种的最小分布单元，其中的结构和条件能够维持物种的生存。埃尔顿（C. Elton）认为，生态位是指物种在生物群落中的地位和角色，特别强调营养生态位。例如，草食动物、肉食动物在营养关系上占有不同的地位。草食动物中，有的食叶，有的食种子，有的采蜜，其生态位又有不同。

哈奇森（G. E. Hutchinson）提出 N 维生态位的概念，对生态位进行了定量描述。他认为生态位是每种生物对资源及环境变量的选择范围所构成的集合，由于资源及环境变量是多维的，由此引出生态位维度的概念。生态位的维度指对一个生物单位发生作用的生态因子的个数。

生态位重叠：当两个生物利用同一资源或共同占有其他环境变量时，就会出现生态位重叠现象。在这种情况下，就会有一部分生存空间被两个生态位共占，这时两个生物体之间就出现了竞争。竞争种类越多，就会使某物种占有的实际生态位可能越小。由于竞争的排斥作用，生态位相似的两种生物不能在同一地方永久共存；如果它们能够在同一地方生活，那么其生态位相似性必定是有限的，它们肯定在食性、栖息地或活动时间等某些方面有所不同，这就是竞争排斥原理。竞争排斥原理说明，物种之间的生态位越接近，相互之间的竞争就越剧烈。大多数生态系统具有许多不同生态位的物种，这些生态位不同的物种避免了相互之间的竞争，同时由于提供了多种能量流动和物质循环途径，从而有助于生态系统的稳定性。

第二节　农村金融系统的仿生研究

一、生态学方法论及其应用

当前，作为学科的生态学和作为方法论的生态学同时得到了迅速发展。作为方法论的生态学已经不再局限于生物学领域，生态学方法几乎成为每一门学科都要采用的方法。生态学因其体现的系统观、层次观、整体观、综合观和进化观等，越来越成为一种哲学、一种思维方式和方法科学。生态学家保罗·西尔斯把生态学称作"一门颠覆性的学科"，它异乎寻常地突然对社会、经济、宗教及人文学科，同时还有其他学科已建立的假设及处理方式造成了威胁。

国内学界在学科交叉研究方面产生了非常多的成果，如经济生态、企业生态、基于生态学的技术创新行为、质量生态、管理生态、政治生态、人文生态、文化生态和金融生态等。黄鲁成深入地分析了生态学方法论应用的广泛性。这种学科融合无不为传统研究领域注入了新的思想，开辟了新的研究思路。

二、农村金融系统具有的生态学特征

运用生态学的方法来考察农村金融问题则可以发现，农村金融系统也

是一个具有生命性、竞争性、进化性、自适性、稳定性等生态学特征的系统。农村金融在历史演进中与生存环境相结合，形成了自身的发展规律和内在逻辑，成为具有独特的结构特征和功能特点"秩序结构"。不正确认识、遵循这个规律、逻辑和结构，就会如同受到生态规律的惩罚一样，受到金融生态规律的惩罚。所以，生态学方法应用于农村金融研究的可行性，关键在于农村金融作为研究对象在很多方面存在与自然生态系统相似的特征。

这些特征包括：进化性，农村金融也要经过从简单到复杂、从低级到高级的发展演进的动态过程；竞争性，金融生态秩序结构的形成也是适者生存的自然法则选择的结果；环境适应性，农村金融生态也是在一定的政治、经济、文化、社会、法制环境下形成的；自调节性，通过价格机制和市场进入、退出机制，以及自调节的限度；等等。

生态学中的很多概念，如种群、群落、共生、生态位、自调节、多样性等，都与农村金融体系存在仿生类比的可能。

表2-2　农村金融生态系统与自然生态系统的重要概念对比

自然生态系统	含义	农村金融生态系统	含义
物种	生物	农村金融组织个体	农村金融组织网点
种群	同种生物的集合	农村金融种群	按业务区分的农村金融组织系统
群落	不同生物种群的集合	农村金融群落（体系）	多金融系统组成的农村金融体系
进化	生物的渐进性发展	金融制度改进	农村金融制度的渐进性演变
突变	超越常规进程的变化	金融制度根本变革	国有银行退出、基金会关闭等事件
适应	生物随自然环境变化而改变	金融适应	金融与经济社会环境的协调
生态位	生物在环境中占有的特定位置	农村金融生态位	特定农村金融组织的生存空间
自调节	达到生态稳定的机制	农村金融自调节	农村金融稳定的内在机理
协同进化	物种通过互补而共同进化	金融协作	不同农村金融业务间的相互补充
互利共生	共生单元的双向利益交流机制	关联业务及运作机制	金融同业间的合作交流
个体生态学	以生物个体为研究对象	金融机构个体研究	以单一金融机构为研究对象
种群生态学	以种群行为为研究对象	农村金融种群研究	以同系统金融机构为研究对象
群落生态学	以种群间行为为研究对象	农村金融群落研究	以金融体系为研究对象
生态系统	物种与环境的相互作用	农村金融生态系统	农村金融与生存环境的相互作用
……	……	……	……

资料来源（自然生态系统部分）：黄鲁成. 基于生态学的技术创新行为研究［M］. 北京：科学出版社，2007.

表2-3为农村金融主体与自然界物种间关系的对比。

表2-3 农村金融主体与物种间关系对比

物种关系类型	农村金融主体关系类型		农村金融主体 A	农村金融主体 B	关系特点
互利共生	正相互作用	互补	+	+	彼此相互有利
偏利共生		竞争共存	+	O	对主体A有利，对主体B无影响
竞争	负相互作用		—	—	主体A、B相互制约
偏害			—	O	对主体A有害，对主体B无影响
捕食（寄生）		竞争替代	+（—）	—（+）	主体A或B衰亡
中性	中性作用	独立共存	O	O	彼此互不影响

农村金融系统具备了生态系统的许多特征，但是仍不足以说明生态系统理论可以用以分析农村金融问题，因此必须从内在机制上做进一步深入的分析。自然界中的每一个生态系统都包含了生命系统和环境系统两大部分，并且系统内部的生物与生物之间、生物与环境之间不断地进行着复杂而有规律的物质交换和能量流动。因此，农村金融生态系统必须具备以下两个基本条件：一是农村金融系统必须具备生命系统和环境系统两个基本组成要素；二是两系统之间必须通过复杂的物质交换和能量流动才能维系。农村金融生态系统理论建立在以下几个基本假设的前提下。

1. 关于生命体的基本假设

农村金融系统要模拟成生态系统的第一个基本前提是：农村金融交易主体是生命体，而非经济体。农村金融交易的主体既包括资金供给者，又包括资金需求者和金融中介及服务机构。农村金融生态系统理论假定它们都是生命体，其最终目的不是追求利润的最大化，而是追求自身的生存和可持续发展。金融交易主体具有生命体的许多特征：它们都有生命周期现象，如出生、死亡——只不过在中国当前情况下，由于国家力量的干预，金融机构是很难死亡的，《中华人民共和国企业破产法》（以下简称《企业破产法》）在金融企业实施有诸多困难；它们都是通过竞争产生和发展的，最明显的特征是优胜劣汰（如果把国有商业银行从农村的大规模撤出看作是它们面对生存考验做出的选择）；它们都和生存环境之间进行相互作用和影响。

2. 关于货币循环的基本假设

生命系统和环境系统在特定的空间进行组合，构成了生态系统。生态系统内部以及生态系统与环境之间存在能量的流动和物质的循环。假定农村金融主体是一个生命体，则农村金融生态系统就是金融生命系统和金融内外环境之间通过信用流动和货币循环来实现的组合。农村金融生态系统内货币循环的作用和功能等同于自然生态系统中的物质交换，农村金融生态系统中的活动都是通过货币循环来完成的。

3. 关于信用流的基本假设

在生态系统中，能量在食物链中的传递形成能量流，成为推动自然生态系统物质循环的动力。能量流是单向的，它从植物的光合作用开始，经由食物链进行逐级传递。与此相类似，在农村金融生态系统中，信用在资金链中的传递产生信用流，推动货币循环的进行。所以，农村金融生态系统内的能量流动就是信用流动。农村金融生态系统中最重要的外部环境是信用环境，信用流是推动金融生态系统货币循环的主要动力。

4. 关于政府行为的基本假设

生态学发展到现代生态学阶段，一个重要变化就是研究对象从自然生态系统转移到人与自然关系的研究上来。人是生态系统中最高级的消费者，但人不同于其他生物的地方是人在生态系统中起主导和支配地位。人类活动导致生态系统的种种变化。在农村金融生态系统中，政府的地位、作用与自然生态系统中人的地位和作用极其相似。在农村金融生态系统中，政府既是制度的供给者（通过立法和行政），决定和塑造着农村金融生态环境；又是资金的需求者，广泛参与到农村金融的各个领域。政府对金融的过度干预不仅会影响农村金融生态环境，而且会改变农村金融生态环境，最终可能导致金融生态恶化。在中国，政府行为在相当程度上决定了中国农村金融生态的现状和发展方向，政府的价值偏好确立了中国农村金融生态的基本格局。

第三节　农村金融生态系统界说

一、农村金融生态系统的内涵

随着国内学界对金融生态理论研究的进一步深入，研究者对金融生态的内涵有了更加深刻的理解。金融生态，最初周小川提出主要是指金融运行的外部环境、金融运行的一些基础条件，并重点强调法律制度环境是金融生态的主要构成要素，其次包括市场体系、中介服务体系、企业改革等方面。在这里，金融生态是作为金融生态环境来理解的。虽然这种对金融生态的解释建立在系统论的认识之上，但其中暗含的最重要的政策建议仍是基于对金融机构发展的考虑，为金融机构的发展争取或者构建良好的外部环境。

此后，金融生态的研究倾向更加集中于金融的仿生化，体现在生态学和生态系统学中的系统的思想、动态平衡的思想、自我调节的思想得到越来越多的重视，并逐渐成为金融生态理论研究的主流。比较集中的认识是，金融生态系统是指不同类型的金融组织与其生存环境之间，以及金融组织和金融要素相互之间在长期相互作用过程中，通过分工、合作所形成的具有一定结构特征，执行一定功能作用的动态平衡系统。

农村金融生态系统从属于金融生态系统，农村金融生态系统的研究从属于金融生态系统的研究。首先，农村金融生态系统是金融生态系统的重要组成部分。农村金融生态系统具有金融生态系统所具有的一些共同特征。但是，在中国城乡二元体制的条件下，农村金融生态系统又具有自身独特的性质。所谓的农村金融生态系统，是指在相对于城市的农村地域内，各类农村金融组织为实现自身的生存与发展，与外部生存环境在长期的相互作用过程中形成的具有一定结构特征和功能特点的生态秩序结构。这种生态秩序结构的形成，也依赖于并体现为农村金融组织及各类金融要素的适应性演变。

二、农村金融生态系统的构成

研究农村金融生态，主要是借助生态学思想所重视的生物与环境之间的互动关系来强调农村金融与其生存发展环境之间的互动关系，强调农村金融的生命性质和环境对农村金融发展的影响。农村金融生态系统是农村金融与非金融成分环境之间通过资金和信息的流动相互作用、相互依存而构成的一个整体。参照生态学对生态系统的分析，根据自然生态系统的构造原理，农村金融生态系统可以分为金融生态主体、金融生态环境、金融生态调节机制三部分。

在生态系统研究中，主体的概念是相对的。在自然生态系统中，生物相对于非生物而存在，一个物种相对于另一个物种而存在，一个种群相对于另一个种群而存在，并无主体和非主体之分。这里所说的农村金融生态主体，是根据研究的需要确定的，是农村金融生态系统研究的主要关注对象。它是指农村金融产品和金融服务的生产者、提供者。

广义的农村金融生态主体包括农村金融组织体系、农村金融市场体系、农村金融产品和服务体系。农村金融组织或机构更明显地具备和表现了生命体的一般特征，这里更为狭义地定义农村金融生态的主体为农村金融的组织体系，即农村金融组织。从法律监管的角度，农村金融生态主体可分为正规金融和非正规金融两类。正规金融是指受到金融监管机构和法规约束的金融机构。农村正规金融机构按照营利性质的不同，分为政策性金融和商业性金融，前者包括农业发展银行、政府小额贷款机构、农业保险机构等，后者包括中国农业银行、农村信用社、邮政储蓄银行、村镇银行等。非正规金融机构是指不受金融监管机构和法规约束的从事金融业务的主体，包括各种形式的民间借贷、地下钱庄等。

农村金融生态环境是影响和作用于农村金融生态的外部环境条件。与自然生态系统相似，任何一种农村金融生态都是在一定的外部环境中存在和发展的。从广义上讲，任何能够对农村金融生态产生影响作用的条件都构成农村金融生态环境。政治、经济、文化、社会、科技等因素都在各自的维度上影响着农村金融生命体的生存、发展、繁荣、衰退、消亡。这些影响因素的总和，共同构成了农村金融生态环境。更加集中地进行经验分析，考虑影响因素的直接性和显著性，可以把这些影响因素分为产业因素、政府治理因素、社会信用因素、规制因素和其他因素等。产业因素对农村金融生态的影响显而易见，这也使它显著地区别于城市金融生态。例如，季节性是农业生产的重要特征，农业生产以植物、动物等的育成为主要目的，要求遵循动植物成长、生长的自然规律，春种秋收，不违农时。因此，农业生产的资金需求也具有季节性特点：收获季节前信贷资金需求量大，而农作物收获季节则产生大量资金回流。此外，如农业产业的灾害风险、长周期、低利性等也深刻影响着农村金融生态。政府治理因素，在中国农村金融生态中特指政府对农村金融的干预，尤其是对农村信用合作社的行政干预。社会信用是农村金融生态环境的重要组成部分，良好的农村社会信用环境有利于降低金融交易成本，促进金融交易顺利进行。在良好的社会信用环境中，资金循环的链条才能维系，并以此促使农村经济社会加快发展。规制因素是指中央银行和金融监管当局针对农村金融组织和金融工具等制定的许可性或限制性规则。作为一种影响力量，它同时被看作农村金融生态的外部调节机制。

农村金融生态是一个具有一定结构特征、执行一定功能作用的动态平衡系统。它具有一定的自我调节能力，同时，其自我调节能力是有限的。外力的影响若超过自调节能力限度或完全取代金融生态的自我调节机制，就会造成生态失衡。以金融生态主体为参照基础，农村金融生态调节机制可以分为内在调节和外部调节。内在调节是指在平等竞争的条件下，农村金融生态主体通过市场机制和竞争机制自发调节金融组织和产品的数量、规模、种类及经营方式，逐步达到与环境的最大限度适应。外部调节是指由外部主体对农村金融生态系统施加的影响，包括中央银行的货币政策调控和金融监管机构的监管行为。货币政策调控的目的是创造稳定的货币信用环境，金融监管的作用是促进金融市场趋于公平高效。

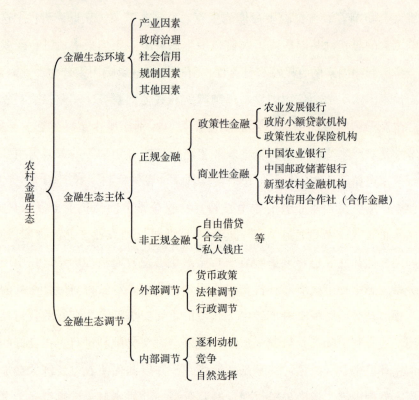

图 2－1　一个简要的农村金融生态结构图

第三章　中国农村金融体系的演进

金融是商品经济发展到一定阶段的产物，从古老的货币兑换业到现代金融业，金融业的发展经历了数千年的历史历程。在世界大部分国家，金融业的演进过程都体现了生产力的进步和生产关系调整的要求，自身不断发展，形成了有序的自然演进过程。但是从我国农村金融发展的历史来看，1949 年以后国家经历了从计划经济向市场经济的转轨过程，农村金融体系随着经济关系和社会关系的发展，加之一系列政治运动的干扰，展现的是一个非自然演进的过程。

第一节　1949—1978：农村合作信用的
蜕变和农业银行的起落

改革开放前的 30 年，我国经历了国民经济恢复时期、社会主义改造时期、"大跃进"运动和人民公社化时期，又经历了长达 10 年的"文化大革命"，经济体制是计划经济。这一时期的农村金融体系也表现出强烈的计划经济色彩。农村金融体系的格局主要是农村信用合作社和期间短暂存在的农业银行。此外，由于农村金融需求的普遍存在，民间借贷活动在一定时期也比较活跃。

一、农村信用合作社

新中国成立后到改革开放前，农村信用社的发展过程可以分为三个阶段。

（一）农村信用合作社的组建和发展（1951—1957）

新中国成立初期，第一次全国农村金融工作会议决定大力发展农村信用社，打击农村高利贷活动，促进农村经济发展和农村金融稳定。1951年，《农村信用合作社章程准则（草案）》和《农村信用互助小组公约（草案）》规定：信用社是农民自己的资金互助组织，不以营利为目的，组织形式可以多样化，优先向社员发放贷款，银行为信用社提供低息贷款支持。1954年第一次全国农村信用合作会议召开后，农村信用社在全国普遍建立。经过大规模的合作化运动，到1955年年底，全国农村信用合作社发展到15.9万个，85%左右的乡建立了农村信用社。到1956年春，全国农村信用社发展到16万个，97.5%的乡建立了农村信用社，全国范围内实现了信用合作化。1956年年底，由于县以下行政区划调整，农村信用社随之撤并，减少到10万个。

这一时期，在全国推广农村信用社采取的是合作化运动，在信用社的成立过程、扩张速度、信用社规模等方面政府都进行了深度干预，社员意愿在很大程度上为政府意志所取代。在农村信用社内部，实行社员民主管理，资本金由农民入股，由社员选举产生经营管理人员。农信社开展信贷主要为社员生产生活服务，基本上保持了合作制的性质，在一定程度上促进了农村经济的恢复和发展，改善了农民生活。但是，在理论和组织形式上，中国农村信用社都效仿欧洲社区合作实践，缺乏与中国农村实际相结合的制度创新。西方合作经济理论不能与中国农村经济实践很好地结合，决定了中国农村信用社的畸形发展道路。

（二）信用社合作性质的逐步蜕化（1958—1969）

1958年，"大跃进"运动和人民公社化开始，我国进入高度集中的计划经济时期。根据"两放、三统、一包"的财经管理体制，农村信用社与银行营业所合并成为公社的信用部，下放给人民公社管理。1959 年 4 月，农村信用社被下放到生产大队，改名为信用分部，工作人员由生产大队统一管理，盈亏由生产大队统一核算。1962 年 10 月，《农村信用合作社若干问题的规定》规定农村信用社的业务归银行领导。经过管理体制的几番反复，信用社的作用被大大削弱，正常的信用关系遭到破坏，资金被大量挪用，社员和储户的利益受到侵害。1962 年年底，信用社社员储蓄由 1958 年年底的 20 亿元降至 9.7 亿元。"文化大革命"期间的 1969 年，中国人民银行提出银行必须由工人阶级领导，农村信用社必须由贫下中农领导和管理。

在这一阶段，农村信用社逐步由民办走向官办，在组织管理模式中，计划经济原则逐步取代市场经济原则，信用社多元化的资金主体被单一的生产大队经济管理关系取代，农村信用社的合作性质逐渐蜕化。

（三）信用社成为国家银行的附属机构（1970—1978）

1970 年，"贫下中农管理"信用社的做法被废止，由于业务上的领导关系，中国人民银行实际上收回了农村信用社的管理权。农村信用社的干部由国家银行任命，财务、业务、工资待遇等一律比照国家银行进行管理。1977 年，国务院发布《关于整顿和加强银行工作的几项规定》，提出"信用社是集体金融组织，又是国家银行在农村的基层机构"，因此"信用社的资金应纳入国家信贷计划，人员编制应纳入县集体劳动工资计划，职工待遇应与中国人民银行基本一致"。农村信用社被重新收归国家银行管理，纳入国家银行高度集中统一的管理体制之中。在这种管理体制下，农村信用社严重脱离了社员群众，成为国家银行的附属机构，失去了合作金融组织性质。

综观改革开放前农村信用社的发展历程，社会经济管理体制的变迁导致农村信用社的经营管理权不断易位，造成农村信用社由民办最终走向官办，丧失了合作金融的性质。中国的农村信用社经历了由人民公社、生产大队、贫下中农、国家银行管理的体制变迁，由社员民主管理的体制模式实际上并没有真正出现过。

表 3-1 1958—1977 年农村信用社存贷款业务表（单位：亿元）

年份	存款				贷款		
	存款总额	集体存款	农户存款	其他存款	贷款总额	集体贷款	农户贷款
1958	40.3	20.2	20.1		24.7	13.6	11.1
1959	45.0	24.0	21.0		22.9	16.0	6.9
1960	43.1	27.9	15.2		22.3	12.7	9.6
1961	47.1	30.9	16.2		17.6	9.5	8.1
1962	28.2	18.4	9.8		15.6	7.9	7.7
1963	31.4	21.3	10.1		13.8	5.6	8.2
1965	48.0	35.1	12.9		13.5	3.1	10.4
1967	73.24	59.17	14.07		14.59	3.55	11.04
1968	75.65	59.66	15.99		16.48	3.99	12.49
1969	73.29	58.44	14.85		17.77	4.53	13.24
1970	76.37	61.41	14.96		18.81	5.63	12.18
1971	90.29	64.20	16.96	9.13	18.92	6.58	12.34
1972	90.85	61.47	20.06	9.32	21.13	9.13	12.00
1973	104.79	67.25	27.13	10.41	20.60	9.34	11.46
1974	121.19	78.05	30.65	12.49	22.60	10.89	11.31
1975	135.07	85.09	35.05	14.93	26.69	1543	11.26
1976	141.17	89.40	36.91	14.86	35.76	24.05	11.71
1977	151.30	89.30	46.50	15.50	39.70	18.40	11.40

资料来源：中国金融年鉴编辑部. 中国金融年鉴（1989）［M］. 北京：中国金融出版社，1990.

二、农业银行

中国农业银行是以办理乡镇农村工商企业存贷款业务为主的专业银行，改革开放前，农业银行的改革和发展经历了曲折的数次设立和撤销，可谓一波三折。

（一）农业合作银行的设立与撤销（1951—1952）

为适应土地改革和农村经济发展的需要，1951 年 7 月政务院批准成立农业合作银行。其任务是执行农牧水利、林垦合作社、企业机关的投资拨款工作并监督包括使用，办理农牧水利、林垦合作社等长期贷款，编订农业合作社信贷计划并进行信贷工作，组织领导农村金融工作及领导信用合作社工作。"三反"运动后期，按照中央决定，中国人民银行精简机构，于1952年7月撤销农业合作银行，农村金融工作归中国人民银行统一领导和管理。

（二）中国农业银行的第二次设立与撤销（1955—1957）

为贯彻国家关于增加对农业合作化信贷支援的要求，经国务院批准，1955年3月中国农业银行正式成立。农业银行在中国人民银行领导下开展农村金融业务，办理贫农合作基金贷款、极贫户贷款和农田水利、国营农业、牧业和生产救灾贷款。但是，由于人民银行和农业银行的工作很难划分，特别是需要大量增加机构干部、增加基本建设和费用开支，以及干部不能统筹使用等原因，1957年4月12日，国务院发出通知，将农业银行并入人民银行，农村信贷工作由人民银行统一办理。农业银行第二次退出历史舞台。

（三）中国农业银行的重建与再次撤销（1963—1965）

1963年10月，中共中央、国务院决定建立中国农业银行的各级机构，统一管理各项支农资金和各项农业贷款。1963年11月12日，中国农业银行正式成立。中国农业银行第三次成立后，在全面安排支农资金、建立贫下中农无息专项贷款、对农贷资金实行基金制、接办投资拨款监督工作、全面清理农业贷款等方面做了大量工作。然而机构分设以后，机构、人员管理等问题再次暴露。1965年11月3日，中国农业银行再次在机构精简中被撤销。

三、民间自由借贷

新中国成立初期，我国的农业基础非常薄弱，资金和物资也极为短缺。为发展农业生产，提高农民生活水平，政府提倡在农民间调剂有无，允许农村自由借贷存在，对私人借贷的利息也不加限制，在一定程度上满足了农村融资的需求，抑制了农村高利贷活动的蔓延。

农户之间的借贷形式主要是友情借贷、正常的私人借贷和高利贷。借贷利率水平高低不一，从0到80%不等。民间借贷的参与人员也比较复杂，有贫下中农、小手工业者、小商贩，也有投机倒把的。借贷形式有实物借贷，也有货币借贷，借贷一般用于基本生活开支。

第二节　1979—1993：农村金融组织的恢复与重建

一、农村信用社恢复"三性"的改革

1979年，农村经济改革全面展开。农村资金需求由集中化向分散化转变，农村信用社的服务对象由社队集体转向分散农户、个体工商户、乡镇企业和各种经济联合组织。农户贷款结构发生变化，主要是满足经营性资金需要的贷款需求。在这种情况下，农村信用社进行了改革，主要目标是恢复"三性"，即组织上的群众性、管理上的民主性和业务经营上的灵活性，把农村信用社真正办成群众性的合作金融组织，适应农村经济发展需要。

1984年，国务院批转中国农业银行《关于改革信用社管理体制的报告》，提出要把农村信用社真正办成群众性的合作金融组织，在农业银行的领导和监督下独立地开展存贷款业务。改革措施包括：吸收农民入股，取消对入股数量的限制，按照盈余向入股农民分红，恢复社员代表大会制度和干部选举制，把农业银行对信用社的指令性计划改为指导性计划，建立县联社等。这一时期，农村信用社实行浮动利率，提高了资金使用效益，成立县联社，扩大了经营自主权，信用社的独立性得到加强。1985年以后，农业银行取消了对信用社的亏损补贴，信用社开始独立经营、自负盈亏。1993年年底，独立核算的农村信用社达到50 865个，不独立核算的农村信

用社达到 48 893 个，县联社机构达到 3 893 个，在职职工人数近 60 万人。

二、中国农业银行的恢复与改革

1979 年 2 月，国务院发出通知，决定恢复农业银行，对其性质、任务、业务范围、资金来源、机构设置等进行了具体规定。1979 年 3 月，中国农业银行正式恢复建立。其任务是统一管理支农资金，集中办理农村贷款，领导农村信用社，发展农村金融事业。当时的中国农业银行集财政拨款管理、商业性信贷业务经营和合作金融组织管理等职能于一身，官办性质和在农村金融中的垄断地位逐步确立。1984 年，在建立社会主义有计划的商品经济的改革目标的指导下，农业银行开始追求自身的经济效益，提出了企业化经营管理的改革方向。1993 年年底，中国农业银行的机构总数达到 58 900 余家。

三、其他金融机构进入农村金融市场

为适应经济发展和经济体制改革的需要，国家先后恢复和建立了一些专业银行和综合性银行。1979 年 3 月，中国银行恢复；1983 年 1 月，中国人民建设银行成立；1983 年 9 月，中国工商银行成立；1986 年 7 月，交通银行恢复；1986 年，恢复开办邮政储蓄业务。这些金融机构不断扩张业务和地域规模，陆续到县及县以下农村地区开设网点，经营业务，农业银行垄断农村金融市场的局面被打破。国有商业银行，特别是邮政储蓄，在吸收农村地区存款方面与农业银行、农村信用社形成有力的竞争。然而这些吸收的农村资金却被大量转移到城市，对农村地区的信贷支持相对较少，形成对农村资金的虹吸现象，也就是第一章所述的系统性负投资。在融资方式方面，国家也允许多种方式并存，包括存款、贷款、债券、股票、基金、票据贴现、信托、租赁等多种信用手段；但是，最主要的仍然是以信贷为主的间接融资方式，债券、股票等直接融资方式的发展缓慢。

四、非正规金融组织的活跃

政府加快了金融业改革发展步伐，对金融业的管制也相对宽松，农村居民之间的自由借贷开始活跃起来，并有不同程度的发展，农村内部融资机构逐步建立和成长，出现了准组织化的民间金融组织。这类金融组织主要有农村合作基金会、农经服务公司、农经服务站，其中，农村合作基金会发展迅速。

农村合作基金会产生于20世纪80年代中期，是在坚持资金所有权及其相应的收益权不变的前提下，由乡村集体经济组织和农户按照自愿互利、有偿使用的原则建立，为农民、农业生产和农村集体经济服务的社区型资金互助组织。改革开放后，各地集体经济组织开始对人民公社改制过程中流失的集体资产进行清收，一些地方采取把集体资金折股到户建立合作基金会的做法，实行"村有乡管"制度，在乡村内部开展了资金融通活动。这一时期，由于财政分级包干体制的实行，地方政府支配自有资金的权限扩大，产生通过增大投资扩大自身财政实力的内在冲动；另外，地方政府对农村正规金融组织的影响力不断减弱，希望建立与自身关系密切的区域性非银行金融组织。农业行政管理部门在清理整顿农村财务方面耗费大量人力物力，自身却无法从中获益，也对在融通中实现集体资金的增值表现出极大热情。地方政府的外部推动，加之农村对资金需求的内在动力，共同促进了农村合作基金会的快速膨胀。农村合作基金会在初期得到中央政府的肯定，1984年中央1号文件明确指出，"允许农民和集体的资金自由地或有组织地流动，不受地域限制"。1991年十三届八中全会更肯定了这种金融组织在农村经济发展中的积极作用，明确要求各地要继续办好农村合作基金会。以机制灵活、融资成本低、不受监管为特点的农村合作基金会实现了高速增长。1992年，全国各地建立的以农村合作基金会为主要形式的农村合作金融组织在乡镇一级有1.74万个，在村一级有11.25万个，分别占乡镇总数的36.7%和村总数的15.4%，年底筹集资金164.9亿元。到

1996 年年底，全国的乡级和村级农村合作基金会分别达到 2.1 万个和 2.4 万个，融资规模约 1 500 亿元。

第三节　1994—2002：新一轮农村金融体制改革

1993 年 12 月，国务院做出《关于金融体制改革的决定》，1996 年出台《关于农村金融体制改革的决定》。这一阶段，更加明确了改革的目标和思路，提出要建立一个能够为农业和农村发展提供及时、有效服务的金融体系。这个体系包括：以工商企业为主要服务对象的商业性金融机构（中国农业银行），主要为农户服务的合作金融机构（农村信用社），支持整个农业开发和农业技术进步、保证国家农副产品收购及实施其他国家农业政策的政策性金融机构（中国农业发展银行）。

一、中国农业发展银行成立

1994 年，中国农业发展银行成立，主要任务是筹集农业政策性信贷资金，承担国家规定的政策性金融业务，代理财政性支农资金的拨付，为农业和农村经济发展服务。其主要业务范围是办理粮食、棉花、油料、猪肉、食糖等主要农副产品的国家专项储备贷款；办理粮、棉、油、肉等农副产品的收购贷款及粮油调销、批发贷款；办理承担国家粮、油等产品政策性加工任务企业的贷款和棉麻系统棉花初加工企业的贷款；办理国务院确定的扶贫贴息贷款、老少边穷地区发展经济贷款、贫困县县办工业贷款、农业综合开发贷款以及其他财政贴息的农业方面的贷款；办理国家确定的小型农、林、牧、水利基本建设和技术改造贷款等。1995 年 3 月，中国农业发展银行基本完成省级分行的组建工作。1997 年 3 月，增设省以下分支机构，形成比较健全的机构体系，基本实现业务自营。1998 年 3 月，农村扶贫、农业综合开发、粮棉企业附营业务等项贷款划转到其他国有商业银行，中国农业发展银行主要从事粮棉油收购资金的封闭管理。农业发展银行的建立，在确保国家粮食安全、保护农民利益（消灭了在粮棉收购中给农民"打白条"的现象）、促进农业和农村经济发展方面发挥了重要作用。

二、农村信用社的全面改革

农村信用社管理体制改革是这一轮农村金融体制改革的重点。主要改革内容是：第一，农村信用社脱离与中国农业银行的行政隶属关系；第二，由农村信用社县联社和中国人民银行承担对农村信用社的业务管理和金融监管；第三，按合作制原则对农村信用社进行规范。《农村信用合作社管理规定》提出：改变单一股权结构，增加团体股，吸收农户、农村集体经济组织和农村信用社职工入股，适当充实资本金；建立健全社员民主管理制度，实行"一人一票"制，充分发挥社员代表大会、理事会、监事会的作用；坚持主要为社员服务的方针，对本社社员的贷款不低于全部贷款的50%。《关于农村金融体制改革的决定》允许城乡一体化程度较高的地区将已经商业化经营的农村信用社组建成农村合作银行。

改革后，农村信用社的内部管理逐步规范，资产质量和经验状况有所好转，支农投入明显增加。然而由于实践中缺乏合作金融正常发展的环境，农村信用社改革方案还存在一些问题：一是改革方案没有设计农村信用社产权制度，社员入股资金及其他资源的私人财产所有权缺乏保障；二是没能有效解决信用社长期存在的所有者缺位和内部人控制问题，无法建立权责明确的法人治理结构，农村金融发展的直接利益大部分为信用社系统自身所占有；三是缺乏适合合作金融自身特点的行业管理体制。

三、中国农业银行的改革

1994 年，中国农业银行确立了商业银行的发展战略，构建商业银行的经营管理体制和运营机制。在经营管理方面，总分行以管理为主兼搞经营，地市行由管理型向经营管理型转变，加大直接经营的分量；组建总行营业部，重点办理全国大型企业集团、经济联合体等的存贷款和结算业务。在信贷管理方面，推行资产负债比例管理，建立信贷风险管理体制，实行审贷分离制度，逐级上收贷款权限。农业银行在风险约束下，开始由重数量规模扩张转向重风险管理，逐步撤并县以下的机构和营业网点，暂时保留的农村营业网点也采取多吸存、少放贷的方式，农村信贷业务主要服务于产业化龙头企业。农业银行的机构总数由 1996 年的 65 870 个减少到 2002 年的 39 285 个，减少了 26 585 个，撤并率为 40.4%。

表 3-2　撤并前后中国农业银行机构和人员数量表

年度	机构数（个）	人员数（人）
1990	55 410	468 023
1992	56 417	503 397
1994	63 816	552 709
1996	65 870	535 955
1998	58 466	524 484
2000	50 546	509 572
2002	39 285	480 931
2004	31 004	489 425

资料来源：《中国统计年鉴》各年版。

四、国有商业银行退出农村金融市场

1997 年，亚洲金融危机爆发，各国有商业银行开始增强风险管理意识，实行贷款风险管理，上收贷款权限。1997 年，中央金融工作会议做出了"各国有商业银行收缩县及县以下机构"的决定。从 1998 年开始，国有商业银行在全国范围内开始大规模撤销与合并下属分支机构。经过撤并，中国工商银行的机构数从 1996 年的 38 219 个减少到 2004 年的 21 223 个，减少了 16 996 个；中国银行的机构数从 1996 年的 13 863 个减少到 2004 年的 11 307 个，减少了 2 556 个；中国建设银行的机构数从 1998 年的 35 117 个减少到 2004 年的 14 585 个，减少了 20 532 个。这些被撤并的机构，大量是县及县以下营业网点。机构撤并的完成，意味着国有商业银行完全从农村金融市场退出。

表 3 - 3　撤并前后其他国有商业银行机构和人员数量表

年度	中国工商银行		中国银行		中国建设银行	
	机构数	人员数	机构数	人员数	机构数	人员数
1996	38 219	565 955	13 863	198 555	35 117	387 385
1998	34 345	567 230	15 227	197 547	30 469	378 523
2000	31 673	471 097	12 921	192 279	25 763	427 566
2002	25 960	405 558	12 090	174 919	21 616	406 441
2004	21 223	375 781	11 307	220 999	14 585	310 391

资料来源：《中国统计年鉴》各年版。

五、农村合作基金会的清理整顿

过度的膨胀使农村合作基金会的性质发生了变化。其在经营目的上表现为营利性，追逐高利润；在活动的范围上超出了社区性质，进行跨区域经营；在资金的来源和运用上表现出非农性；在业务经营上违规从事存贷款等金融业务，合作互助性质逐步丧失。针对部分农村合作基金会以招股名义高息吸收存款；入股人不参加管理，不承担亏损；把筹集资金用于发放贷款，违规经营金融业务等问题，1996 年中央提出对农村合作基金会进行清理整顿。已经经营金融业务且存贷款业务量比较大的并入农村信用社，或另设农村信用社；不愿并入或新设农村信用社的，不得再以招股形式吸收居民存款；对不具备转为农村信用社条件的，要办成真正的合作基金会。由于各方利益冲突，清理整顿工作进展较慢。1997 年 11 月，中央决定全面整顿农村合作基金会。1998 年，农村合作基金会被突然宣布关闭，在各地普遍出现了挤兑现象，四川、河北等地甚至出现了较大规模的挤兑风波。1999 年 1 月，国务院正式宣布全国统一取缔农村合作基金会。

第四节 2003—2010：农村金融体系的制度创新

一、农村信用社试点改革的深化

随着国有商业银行从农村地区撤出，农村信用社日益成为农村金融市场最主要的甚至是唯一的金融机构。但是，农村信用社无论是在自身建设，还是在适应为"三农"服务的要求等方面，都还存在不少问题。这主要是：产权不明晰，法人治理结构不完善，经营机制和内控制度不健全；管理体制不顺，管理职权和责任不明确；历史包袱重，资产质量差，潜在风险大。

2003年6月，国务院出台《深化农村信用社改革试点方案》，提出按照"明晰产权关系、强化约束机制、增强服务功能、国家适当支持、地方政府负责"的总体要求，加快信用社管理体制和产权制度改革，把信用社逐步办成由农民、农村工商户和各类经济组织入股，为农民、农业和农村经济发展服务的社区性地方金融机构，充分发挥信用社农村金融主力军和联系农民的金融纽带作用，更好地支持农村经济结构调整，帮助农民增加收入，促进城乡经济协调发展。同时，在浙江、山东、江西、贵州、吉林等8省市进行改革试点。一是改革信用社管理体制，把信用社的管理权交给地方政府。二是以法人为单位，改革信用社产权制度，明晰产权关系，完善法人治理结构，区别情况确定不同的产权形式，符合条件的可转制为农村合作银行或农村商业银行。

农村信用社改革取得了一定成效。一是支农信贷投放增加。2010年年底，全国农村信用社各项存贷款余额分别为8.8万亿元和5.9万亿元，比2002年年底分别增长3.4倍和3.2倍。2010年年底，农村信用社涉农贷款余额和农户贷款余额分别为3.87万亿元和2万亿元，比2007年年底分别增长77%和68%。二是资产质量改善，盈利能力提升。农村信用社不良贷款比例从2006年年底的27.93%下降4.2%。从2004年起，全国农村信用社实现转亏为盈，2010 年全年实现利润 678 亿元。三是历史包袱逐步化解。截至 2010 年年底，共消化历年亏损挂账 788 亿元，降幅达到 60%。四是产权制度改革推进。截至 2010 年年底，以县（市）为单位统一法人社由 2002 年年底的 94 家发展为 1 976 家；农村合作银行和农村商业银行由 2002 年年底的 3 家发展为 300 家，其中农村合作银行 216 家，农村商业银行 84 家。

二、中国农业银行的股份制改革

中国农业银行确定了股份制改革的路径。2004 年，其第一次向国务院上报股份制改革方案。2007 年 1 月，全国金融工作会议确定农业银行股份制改革总的原则是"坚持面向'三农'、整体改制、商业运作、择机上市"。2008 年 10 月 21 日，国务院批准农业银行股份制改革实施总体方案。2008 年 12 月 1 日，完成不良资产剥离工作。2009 年 1 月 15 日，中国农业银行整体改制为股份有限公司。2010 年 7 月 15 日、16 日，农业银行股票分别在上海证券交易所和香港联合交易所挂牌上市。

在农村金融服务的管理模式上，中国农业银行努力推进三农金融事业部改革试点。主要改革内容是：以地域为界，对全国 2048 个县市支行实行事业部制管理，各县市支行成为三农金融部的基本经营单元；三农金融事业部对县域机构的客户和业务行使管理职能，县域支行全部业务纳入三农金融部核算范围。2007 年 9 月，开始面向"三农"金融服务试点。2008 年 3 月，选择部分二级分行开展"三农"金融事业部制改革试点。2008 年 5 月，完成"三农"金融服务第一阶段试点。2008 年 8 月，总行设立"三农"金融事业部。2010 年 4 月，在前期试点的基础上，选择 8 家分行，按照"三级督导、一级经营"原则完善管理架构；按照"六个单独（资本、信贷、核算、拨备管理、资金、考评激励）管理"原则完善机制建设。

三、中国农业发展银行的业务扩展

农业发展银行作为政策性银行，也应当按照办银行的要求，讲求经济效益。但是，农业发展银行在经营中出现了很多问题。最主要的是粮棉购销体制市场化改革明显加快，主销区首先放开了粮食购销市场，产销平衡区大部分省份粮食市场也已经放开，主产区粮食市场的放开也可以预见。农业发展银行面临发展目标迷失的问题，甚至产生存废之争。

2004 年，国务院第 57 次常务会议对农业发展银行的改革做出部署。此后，农业发展银行逐步拓展业务范围，形成以支持国家粮棉购销储业务为主体、以支持农业产业化经营和农业农村基础设施建设为两翼的业务发展格局。根据国务院粮食市场化改革的意见，传统贷款业务的支持对象由国有粮棉油购销企业扩大到各种所有制的粮棉油购销企业。2004 年 9 月，开办粮棉油产业化龙头企业和加工企业贷款业务。2006 年 7 月，扩大产业化龙头企业贷款业务范围和开办农业科技贷款业务。此后，农业发展银行业务范围拓展速度加快，中国银监会批复其开展了多项新业务种类。表 3 - 4 为 2007 年以来中国农业发展银行的新增业务。

四、中国邮政储蓄银行的组建

1986 年，邮政储蓄业务恢复开办。经过 20 余年的发展，其已建成覆盖全国城乡网点面最广、交易额最多的金融服务网络，拥有储蓄营业网点达到 3.6 万个，其中 2.96 万个位于县及县以下农村地区。在邮政储蓄银行成立以前，邮政储蓄是一个只办理个人活期、定期储蓄业务的存款服务机构。开办当年，全国邮政储蓄存款余额达到 5.64 亿元，市场占有率为 0.4%，其中 65% 以上的存款来自农村。截至 2010 年年底，全国邮政储蓄银行个人储蓄余额达到 28 470.8 亿元，其中县及县以下网点个人储蓄余额约为 18 293.56 亿元，占比为 64.25%。

1993 年，邮电部向国务院报送《关于恢复组建邮政储金汇业局的请示》，提出组建邮政金融机构的设想。1999 年，国务院批准《中国邮政储蓄银行章程》。2004 年，中国银监会将邮政金融纳入银行业管理范围。2005 年 8 月，国务院下发《邮政体制改革方案》，明确提出加快成立中国邮政储

表3-4 农村合作金融机构基本情况（2002—2010年）

单位：亿元，%，个

项目		2002	2003	2004	2005	2006	2007	2008	2009	2010
一、以法人为单位机构总数		2 453	2 463	2 457	2 430	2 453	2 408	2 389	2 363	
（一）两级法人农村信用社（以县市为单位）		2 356	2 345	2 337	1 832	1 159	460	231	132	
（二）统一法人农村信用社		94	114	104	528	1 201	1 818	1 973	1 992	1 976
（三）农村商业银行		3	3	7	12	13	17	22	43	84
（四）农村合作银行			1	9	58	80	113	163	196	216
二、农合机构涉农贷款	余额						20 849.95	24 531.37	30 918.66	38 743.18
	占各项贷款						66.49	65.84	65.81	65.59
其中：农村贷款	余额						18 902.85	22 225.41	28 077.09	20 000
其中：农户贷款	余额	4 218.70	5 563.51	6 795.56	7 983.02	9 196.83	11 654.92	13 318.95	6 413.951	
三、农合机构四级分类不良贷款	余额	5 147.14	5 059.90	4 514.76	3 255.47	3 032.72	2 810.37	2 965.00	3 483.60	
	不良贷款率	36.93	29.45	23.10	14.80	11.56	8.96	7.96	7.41	
四、农合机构五级分类不良贷款	余额					7 327.29	6 595.97	5 938.95	5 093.10	
	不良贷款率					27.93	21.04	15.94	10.84	4.2
	拨备覆盖率					8.18	14.38	24.11	36.98	
五、资本充足率	四级分类	-8.5	-9.01	-0.09	10.03	11.0	11.45	11.57		
	五级分类						-0.10	3.47	6.00	8.7
六、从农合机构获得农户贷款数	个数（万）	6 644.00	7 716.00	7 990.00	8 370.00	8 652.00	7 817.32	7 783.35	8 242	
	占所有农户	29.68	33.82	35.63	36.19	37.19	33.20	32.04	33.5	

资料来源：中国人民银行农村金融服务研究小组. 中国农村金融服务报告2010 [M]. 北京：中国金融出版社，2011.

蓄银行，拖延多年的邮政储蓄银行组建工作重新启动。2006 年 6 月，中国银监会批复《中国邮政储蓄银行筹建方案》。2007 年 3 月 6 日，中国邮政储蓄银行有限责任公司正式成立。

邮政储蓄银行成立以来，不断拓展涉农业务。一是利用网点优势，为农民提供储蓄、汇兑、代理保险、代收费等基础金融服务。二是采取多种形式向农村投放资金。例如，开展支农协议存款，认购农业发展银行债券；开展银团贷款，支持"三农"重点工程、农村基础建设和农业综合开发；办理存单小额质押贷款、"好借好还"小额贷款业务，截至 2010 年年底，在县及县以下地区累计发放小额贷款 334.27 万笔、1 885.03 亿元，占全部小额贷款累计发放金额的 69.43%。

五、新型农村金融机构试点

2006 年 12 月，中国银监会发布《关于调整放宽农村地区银行业金融机构准入政策，更好支持社会主义新农村建设的若干意见》，允许在农村地区设立"村镇银行""贷款公司""农村资金互助社"等新型农村金融机构，鼓励开"小额贷款公司"（中国人民银行在《金融机构编码规范》中将小额贷款公司纳入金融机构范围；中国银监会认为小额贷款公司是从事放贷业务的商业性机构，属于一般工商企业）。新型农村金融机构试点于 2007 年年初从四川、青海、甘肃、内蒙古、吉林、湖北 6 省（自治区）开始，并于当年 10 月扩大到全国 31 个省（自治区、直辖市）。根据中国银监会《新型农村金融机构 2009—2011 年工作安排》，3 年间全国共计划设立 1 294 家新型农村金融机构，其中村镇银行 1 027 家，贷款公司 106 家，农村资金互助社 161 家。截至 2010 年年底，全国已组建新型农村金融机构 509 家（不含小额贷款公司），从地域分布来看，西部地区设立 152 家，中部地区设立 153 家，东部地区设立 204 家，中西部地区占比 60%。

村镇银行是指经银监会依法批准，由境内外金融机构、境内非金融机构企业法人、境内自然人出资，在农村地区设立的主要为当地农民、农业和农村经济发展提供金融服务的银行业金融机构。2007 年 1 月，中国银监会发布《村镇银行管理暂行规定》，对村镇银行的设立和管理进行规范。其主要设立条件为：有符合规定或条件、要求的章程、董事和高级管理人员、工作人员、组织机构和管理制度、营业场所等；发起人或出资人中应至少有 1 家银行业金融机构；在县（市）设立的村镇银行，注册资本不得低于 300 万元人民币，在乡（镇）设立的村镇银行，注册资本不得低于 100 万元人民币。村镇银行可从事吸收公众存款；发放短期、中期和长期贷款；办理国内结算；办理票据承兑与贴现；同业拆借；银行卡；代理发行、代理兑付、承销政府债券；代理收付款项及代理保险等业务。2009 年年底，全国村镇银行达到 148 家，营业性网点达到 193 个。

农村资金互助社是指经银监会批准，由乡（镇）、行政村农民和农村小企业自愿入股组成，为社员提供存款、贷款、结算等业务的社区互助性银行业金融机构。农村资金互助社实行社员民主管理，以服务社员为宗旨，谋求社员共同利益。《农村资金互助社管理暂行规定》要求，农村资金互助社应在农村地区的乡（镇）和行政村设立。在乡（镇）设立农村资金互助社的，注册资本不低于 30 万元人民币；在行政村设立的，注册资本不低于 10 万元人民币。农村资金互助社的资金来源是吸收社员存款、接受社会捐赠资金和向其他银行业金融机构融入资金，资金主要用于发放社员贷款，满足社员贷款需求。2007 年 3 月 9 日，由 32 位农民发起，全国首家农村资金互助社"吉林省梨树县闫家村百信农村资金互助社"成立。百信互助社提供存款和贷款等服务，以信用贷款为主，会员以最低 100 元作为入会费，可以享受入会费 10 倍以内的贷款额度。

贷款公司是指经银监会依法批准，由境内商业银行或农村合作银行在农村地区设立的专门为县域农民、农业和农村经济发展提供贷款服务的非银行业金融机构。截至 2009 年年底，全国共设立贷款公司 8 家。

小额贷款公司是指由自然人、企业法人或其他社会组织依法设立的，不吸收公众存款，经营小额贷款业务的有限责任公司或股份有限公司。其服务对象主要面向"三农"和中小企业，贷款有数额小、周期短、审批快的特点和优势。2008年5月，《关于小额贷款公司试点的指导意见》发布，小额贷款公司试点发展迅速。截至2010年年底，各地已设立小额贷款公司2 451家，贷款余额达1 975亿元。从贷款期限结构来看，小额贷款公司绝大部分贷款都是短期贷款，短期贷款余额达1 953亿元，占各项贷款总额的98.9%。小额贷款公司有助于补充银行融资渠道，引导民营资本开展涉农业务，对于解决农民贷款难、中小企业融资难问题发挥了一定作用。

表3-5　小额贷款公司分地区情况统计表（2010年6月30日）

地区名称	机构（家）	从业人员（人）	实收资本（亿元）	贷款余额（亿元）
全国	1940	20 245	1 242.48	1 248.87
北京市	20	195	19.35	14.99
天津市	20	196	13.26	8.14
河北省	139	1 541	81.49	70.44
山西省	106	978	60.93	54.43
内蒙古自治区	249	2 434	181.26	161.50
辽宁省	139	1 066	55.83	38.47
吉林省	67	557	14.78	11.18
黑龙江省	62	494	13.85	11.15
上海市	42	324	37.96	40.11
江苏省	123	1 040	136.73	181.40
浙江省	119	1 216	178.43	243.86
安徽省	140	1 202	67.49	73.77
福建省	6	52	13.38	14.51
江西省	30	335	20.90	21.65
山东省	53	579	44.05	44.16
河南省	72	864	21.69	14.62
湖北省	40	285	13.92	11.21
湖南省	19	197	7.82	6.77
广东省	85	2 524	72.63	62.85
广西壮族自治区	25	258	8.09	6.67
海南省	3	32	2.00	1.23

地区名称	机构（家）	从业人员（人）	实收资本（亿元）	贷款余额（亿元）
重庆市	64	805	43.35	41.00
四川省	25	320	20.54	19.16
贵州省	52	483	13.26	10.99
云南省	94	895	31.73	29.04
西藏自治区	1	9	0.50	0.05
陕西省	40	348	31.54	19.83
甘肃省	40	348	8.22	6.32
青海省	4	35	0.61	0.42
宁夏回族自治区	42	491	16.40	16.97
新疆维吾尔自治区	19	142	10.49	11.98

资料来源：中国人民银行［EB/OL］. http：//www. pbc. gov. cn/publish/goutongjiaoliu/524/2010/20100902 110321521248922/20100902110321521248922_ . html，2011.03.15.

第五节　农村金融体系演进的非自然性

中国的农村金融体系经过 60 年的改革发展，取得了一些改革成效。但是，作为一个演化结果，当前，多层次、多样化、适度竞争的农村金融生态主体系统尚未建立。

一是涉农金融机构改革仍需深化。商业性金融机构如何在实现服务"三农"的同时又能保持自身可持续发展，是继续深化农村金融改革面临的难点。二是部分农村金融机构存在"离农脱农"的倾向。部分农村金融机构在经营过程中倾向于"做大做强"，金融服务有脱离农村、远离农民的倾向。三是农村地区政策性金融供给不足。农村经济发展、经济结构调整和新农村建设在农村地区产生了大量金融需求，其中部分农村金融需求具有较强的政策性金融性质，而当前的政策性金融服务尚不能满足。四是农村地区新型金融机构发展不足。目前农村地区新设的金融服务机构种类较少，金融服务能力有限。

表 3 – 6 主要农村金融机构网点和从业人员情况（2009 年 12 月 31 日）

机构名称	法人机构数（个）	营业性网点（个）	从业人员数（人）
农村金融机构合计	3 451	75 919	715 120
农村信用社	3 056	60 325	570 366
农村商业银行	43	7 259	66 317
农村合作银行	196	8 134	74 776
村镇银行	148	193	3 586
贷款公司	8	8	75

资料来源：中国银行业监督管理委员会。

考察 60 年来中国农村金融体系的演进路径可以发现，政府主导的农村金融体系调整和体制改革注重农村金融机构的存在形态，调整和改革措施更多地体现为农村金融机构的调整，走的是一条非常典型的"机构路径"，其背后的理论支撑是金融结构观。中国农业发展银行、中国农业银行和农村信用社等农村金融机构历经多次合并、调整、分化，但是总体来看，农村金融促进农村经济发展的问题仍然没有解决。主要原因在于，中国的农村金融体系变迁是在政府行为的主导下进行的，在很长一段时期内违背了经济、金融的发展规律，没有遵循生态演化规则。

一、农村金融组织生命周期断裂

根据爱迪思关于组织生命周期的划分，组织的生命周期分为产生、成长、成熟、衰退和死亡 5 个阶段。根据这个思路，农村金融组织的生存周期可以分为 4 个阶段，如图 3 – 1 所示。

但是，从中国农村金融生态系统的演变过程来看，农村金融组织的生命周期呈现非自然成长的特征。部分农村金融机构还没有完成组织生命周期的第一阶段，即产生阶段，便由于各种外部原因走向了消亡。如农业银行的数次成立和撤销，1979 年之前，最长的组织生命存续周期为 25 个月，最短的仅有 12 个月（见图 3-2、图 3-3）。在短暂的存续时间内，其不可能完成组织使命。

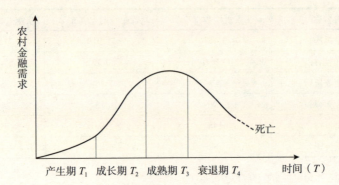

图 3-1 农村金融组织生命阶段的划分

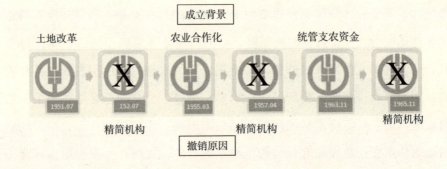

图 3-2 1979 年前农业银行的成立和撤销时间

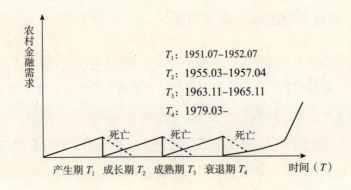

T_1: 1951.07-1952.07
T_2: 1955.03-1957.04
T_3: 1963.11-1965.11
T_4: 1979.03-

图 3-3 中国农业银行的生命周期

二、农村金融组织治理变革频繁

农村信用合作社是中国农村金融体系内存续时间最长的金融主体。改革开放前，由于政治运动等因素的干扰，农村信用社的管理体制几经变更，阻碍了金融生命进化的自然秩序（图3-4）。

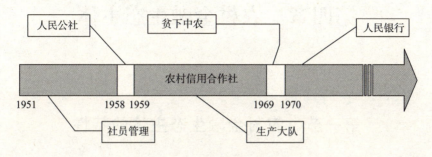

图3-4 农村信用社管理体制的变化

第四章　农村金融生态主体

第一节　农村金融生态主体的特性

　　在自然生态系统中，主体与生态环境之间有着比较明显的界限。与之相比较，在金融生态系统中，这个界限并不明显。在金融生态系统中，"人"作为社会活动的主体，人的参与模糊了金融生态主体与金融生态环境之间的界限。例如，在金融市场中，政府一方面作为资金供给者，另一方面又可以作为资金的需求者参与到金融活动中。同时，政府又在立法、司法和行政活动中履行国家管理者职能，对金融生态环境产生重要影响。

一、农村金融生态主体相互依存

　　自然生态系统中的各种生态主体之间紧密联系、相互作用，与之相类似，农村金融各生态主体间也是相互关联、相互依存的。农村资金供给、需求方，以及二者与金融中介之间的金融交易形成了金融系统。农村资金供给方为需求方的融资及后续发展提供了资金来源；农村资金需求方的融资活动为供给方提供了获取资金收益的机会和渠道；农村金融中介通过为双方提供金融服务取得收入。这些主体的金融活动提高了资金的流动性，对扩大生产规模、提高资本收益起到了重要作用。

二、农村金融生态主体的适应性

自然生态主体之间、生态主体与生态环境之间通过相互作用，达成一定的生态平衡。不同地域具有不同的生态环境，这造成生态主体在形态构造、遗传特性、化学成分等方面存在一定的差异。生态环境变化时，生态主体也会进行自调节，从而适应生态环境的变化。农村金融生态同样具有此种特性。不同国家、地区的经济状况、社会形态、法律制度、历史传统等各不相同，因此，各国、各地区的农村金融生态系统也存在一定的差异，农村金融生态主体也具有独特的印记。对于特定金融生态主体来说，如果其他生态主体和农村金融环境发生了变化，其也必须动态地调适自身的生存和发展策略，以与变化了的环境相适应。因此，一个良性运转的农村金融系统，应当通过促进农村金融组织的多样化，调整农村金融体系结构，提高农村金融生态主体的适应性，建立适合当地经济社会发展的农村金融发展模式。

三、农村金融生态主体的差异性

改革开放以来，中国的农村经济取得了长足发展，同时，农村地区的经济增长模式也发生了较大分化。在部分发达地区，农村地区的城镇化进程步伐较快，农村经济逐步融入城市经济，部分发达地区和中部地区的农业实现了产业化；部分贫困地区的农业经济仍然维持在简单再生产的水平上。区域之间、城乡之间在经济发展水平上的差异较大，从而农村金融主体对金融产品和金融服务的需求也有所不同，这些都对农村金融生态平衡和优化产生了实际影响。一些地区的农村金融主体的金融需求可能与城市金融需求趋于一致，而另一些地区的农村金融主体的需求则还处于传统和初级的水平。

四、农村金融生态主体的脆弱性

在政府主导下，中国农村金融实现了从计划经济向市场经济的过渡，但同时也造成农村金融生态的不均衡，加剧了农村金融主体的脆弱性。目前，农村金融市场缺乏适当的竞争，农村金融服务体系仍不健全，实际上只存在货币市场，资本市场、保险市场没有得到应有的发展。表面上，农村地区正规金融机构和民间非正规金融机构并存，各自执行不同的功能。实际上，正规金融机构功能异化、非正规金融机构受挤压和排斥现象严重，影响了农村金融生态的发展优化。另外，金融生态前瞻性研究不足，金融创新不足，不能对不同类型的用户提供差别化的金融服务。目前，农村金融服务仅限于存款、贷款、汇款等基本业务，中间业务开展得不够。相对于城市居民，农村地区居民的消费性贷款发展不足，贷款主要集中于生产性贷款，且多为短期流动资产贷款。

第二节　生态位与农村金融生态位

一、生态位基本原理

20 世纪 90 年代以来，生态位的概念在生态学界受到了前所未有的关注。生态位研究成为国内外生态学领域的热点问题，其他学科也借鉴这一概念及其基本原理进行了交叉学科研究。一般地，生态位是指在一定生态环境里某一物种在其入侵、定居、繁衍、发展、衰退和消亡的每个阶段上的功能地位。某一物种的生态位在不同地域和不同生态系统中是不同的，只存在其在特定时间、空间生态维度下的生态位。

如果不同物种或种群共同占据同一资源，则会产生生态位重叠现象，生态位重叠的部分总是存在激烈的竞争。Hurlbert（1978）定义生态位重叠为两个物种在同一资源位上的相遇频率。生态位差距大的物种间基本不存在竞争。而处于同一生态位的物种，由于所处层次、所需资源基本相同，因此一般会存在激烈竞争。当生态系统遭到破坏或外来入侵时，这些相互竞争的物种为了维持各种群的生存和生态系统的平衡，又会在某种程度上开展协作。假设在某一生态系统中，生态主体 X 和 Y 共同占有同一资源，则存在以下几种生态位关系。

图 4-1 为内含生态位。曲线 Y′ 表示：X 物种占据优势，Y 物种只能减少使用共占资源；曲线 Y 表示：X 物种居于绝对优势地位，Y 物种被完全排除在生态系统之外。

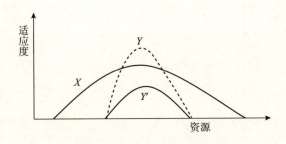

图 4-1 内含生态位关系图

图 4-2 为等宽生态位。其表明 X 物种和 Y 物种在竞争上实力相当，二者共同占有重叠的生态位。

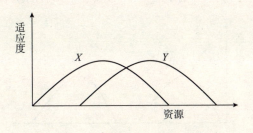

图 4-2 等宽生态位重叠关系图

图 4-3 为不等宽生态位。其表明物种 X 的竞争实力远远大于 Y 物种，物种 X 占有大部分重叠生态位。

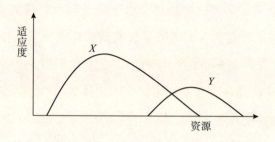

图 4 - 3　不等宽生态位关系图

图 4 - 4 为邻接生态位。这时，物种 X 和物种 Y 之间只产生间接的竞争，不存在直接的竞争。

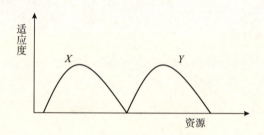

图 4 - 4　邻接生态位关系图

图 4 - 5 为分离生态位。此种状态下，物种 X 和物种 Y 之间在资源占有上不存在共同需求，也就不存在生态位的重叠，二者的生态位是分离的。

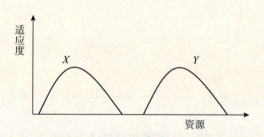

图 4 - 5　分离生态位关系图

二、农村金融系统生态位

农村金融系统生态位是农村金融生态主体占有资源的种类和丰富程度。

生态位宽度用来衡量生态位的大小，它是某一物种能够利用的资源种类、数量和均匀度的一个指标。农村金融主体的生态位宽度越大，该金融主体所起到的作用就越大，其竞争力越强；反之，其竞争力就越弱。

农村金融生态主体的生存和发展受到多种因素的影响，当多个农村金融主体共同占用同一资源时，就会产生生态位重叠现象。以 M、N 两个农村金融主体为例，可以分为 5 种生态位关系模型。

表 4 – 1　农村金融主体的生态位关系模型

生态位关系模型	农村金融生态主体	适应度❶	资源❷
内含生态位	M	a, b, c, d, e, f	1, 2, 3, 4, 5, 6
	N	b, c, d, e	2, 3, 4, 5
等宽生态位	M	a, b, c, d	1, 2, 3, 4
	N	c, d, e, f	3, 4, 5, 6
不等宽生态位	M	a, b, c, d	1, 2, 3, 4
	N	d, e, f	4, 5, 6
邻接生态位	M	a, b, c	1, 2, 3
	N	d, e, f	4, 5, 6
分离生态位	M	a, b, c	1, 2, 3
	N	e, f	5, 6

类比自然生态位，农村金融内含生态位是指两个农村金融主体在适应度和资源维度上存在一定的包容关系。这可能导致两种竞争结果：一是 N 占有竞争优势，迫使 M 调整自身的适应度，并减少对共同资源的使用；二是 M 占绝对优势，N 被完全淘汰出农村金融生态系统。等宽生态位是指农村金融主体 M、N 在资源竞争上实力相当，双方共同占有生态位的重叠部分。不等宽生态位是指 M、N 中的一方竞争力强，另一方竞争力较弱，实力强的竞争者占据生态位的重叠部分。邻接生态位指 M、N 之间不存在直接竞争，只存在间接竞争。分离生态位表示农村金融生态主体不发生竞争，不存在生态位重叠，二者的生态位是分离的。

---

❶ 农村金融生态主体 M、N 的适应度用因子 a、b、c、d、e、f 表示，因子多少代表适应度强弱。
❷ 农村金融生态主体 M、N 的资源用因子 1、2、3、4、5、6 表示，因子多少代表资源禀赋多寡。

第三节　农村金融生态位模型

一、生态位态势模型

生态位态势模型把生态位分为态和势两个方面。态用来测定农村金融生态主体在特定时点在生态系统中的既定状态；势用以反映农村金融生态主体对环境的影响力，以及主体从环境中吸纳能量的能力。

农村金融生态系统内 n 个农村金融主体中，主体 x 的生态位用公式 4 - 1 来表示。

$$N_x = \frac{S_x + A_x P_x}{\sum_{y=1}^{n}(S_y + A_y P_y)} \qquad (4-1)$$

其中，x，$y = 1$，2，…，n；N_x 为农村金融主体 x 的生态位；S_x 表示农村金融主体 x 的态；P_x 表示农村金融主体 x 的势；S_y 为农村金融主体 y 的态；P_y 为农村金融主体 y 的势；A_x 和 A_y 是量纲转换系数；$S_x + A_x P_x$ 为绝对生态位。

二、生态位超体积模型

G. L. Clarke（1954）把生态位区分为地域生态位和功能生态位，指出不同的物种在生态系统中执行不同的功能，而在不同的地域，同一功能生态位也可以被完全不同的生物占有。G. E. Hutchinson（1957）对生态位做出了基础生态位和现实生态位的区分，认为某一生物的潜在生态位在某特定时刻很难被完全占有。这一思想为研究生物的竞争、捕食关系提供了重要理论依据。一般情况下，农村金融主体承担的职能是与其所处的地理位置及资源位置有关的，农村金融主体的地理位置与可利用资源有关，农村金融产品的开发与其所处地理位置有关。

农村金融主体的发展受到许多因子的限制，根据生物忍受法则，如果作图表示农村金融主体对某环境因子的忍受性相对于这一环境因子的梯度，就可以得到环境梯度图。如果考虑三个环境梯度，就得到图4-6。如图4-6所示，农村金融主体在高适应度的空间适于生存；而在低适应度的空间不太适合生存发展，受到一定的限制。

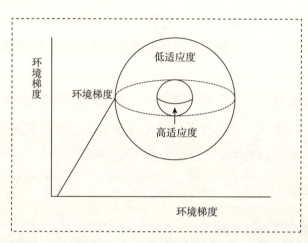

图 4 -6 环境梯度（X、Y、Z）生态位适应度三维坐标图

以此类推，每增加一个环境梯度就会增加一个维，理论上可推广到任何一个坐标维，一个农村金融主体的生态位就是一个 N 维组成的超体积。据此，超体积生态位所包含的是农村金融主体生存和发展所需的全部条件，并且这些条件必须彼此相互独立。

三、生态位宽度模型

生态位宽度，又称生态位广度、生态位大小。Hurlbert 定义生态位宽度为物种利用或趋于利用所有可利用资源状态而减少种内个体相遇的程度。Kohn 认为生态位宽度是生态专化性的倒数。Van Valen 将其定义为在有限资源的多维空间中为某物种或某群落所利用的比例。王刚认为，生态位宽度是指种 y 和 n 个生态因子的适应或利用范围。Levins 认为生态位宽度是任何生态位轴上包含该变量的所有确定为可见值的点组成部分的长度。

农村金融主体生态位宽度越大，说明其在生态系统中发挥的作用越大，资源利用越充分，利用率越高，竞争力也就越强。农村金融主体之间的生态位越接近，相互之间的竞争就越激烈。居于同一层次、属于同一类型的农村金融主体具有较为相似的生态位，产生激烈的竞争，应当将其布局在不同的区域。如果同一层次、同一类型的主体分布在同一区域，必然因竞争而导致生态位分离。农村金融主体的生态位不同，可以避免不适当的相互竞争，也会因为存在多种物质循环及能量流动途径，从而有利于农村金融生态系统稳定。

生态位宽度是对一个生态因子轴而言的，通常以农村金融主体利用资源的种类多少和数量大小为变量。设某金融主体在 R 种资源状态中选择，选择每种资源状态的数量分别为 $N_1 \cdots N_i \cdots N_R$，则

$$P_i = \frac{N_i}{N_1 \cdots N_i \cdots N_R}$$

对于离散型资料，考虑以 S 个农村金融主体作为行、R 个资源状态作为列的资源矩阵。其中，N_{ij} 为第 i 个农村金融主体利用资源状态 j 的个体数；$Y_j = \sum_{i=1}^{s} N_{ij}$ 是所有农村金融主体利用资源状态 j 的总数；$P_{ij} = \frac{N_{ij}}{Y_j}$ 为第 i 个农村金融主体利用资源状态 j 所占的比例。

表 4 - 2　农村金融主体利用资源状态情况

		资源状态					
		1	2	$\cdots$	j	$\cdots$	R
农村金融主体	1	N_{11}	N_{12}	$\cdots$	N_{1j}	$\cdots$	N_{1R}
	2	N_{21}	N_{22}	$\cdots$	N_{2j}	$\cdots$	N_{2R}
	$\cdots$	$\cdots$	$\cdots$	$\cdots$	$\cdots$	$\cdots$	$\cdots$
	i	N_{i1}	N_{i2}	$\cdots$	N_{ij}	$\cdots$	N_{iR}
	$\cdots$	$\cdots$	$\cdots$	$\cdots$	$\cdots$	$\cdots$	$\cdots$
	S	N_{S1}	N_{S2}	$\cdots$	N_{Sj}	$\cdots$	N_{SR}
		Y_1	Y_2	$\cdots$	Y_j	$\cdots$	Y_i

Levins 最早提出生态位宽度测算公式，根据 Levins 公式中的 Simpson 指数，其表达式为公式 4 – 2：

$$B_i = \frac{1}{\sum\limits_{j=1}^{R} P_{ij}^2} = \frac{\left[\sum\limits_{j=1}^{R} N_{ij}\right]^2}{\sum\limits_{j=1}^{R} N_{ij}^2} = \frac{Y_i^2}{\sum\limits_{j=1}^{R} N_{ij}^2} \qquad (4-2)$$

根据 Levins 公式中的 Shannon – Wiener 指数，可得到公式 4 – 3：

$$B_i = -\sum\limits_{j=1}^{R} P_{xj} \lg P_{yj} \qquad (4-3)$$

B_i 代表农村金融主体生态位宽度；P_{xj} 表示在一个资源集合中，第 x 农村金融主体利用资源状态 j 的比例。P_{yj} 是第 y 个农村金融主体利用资源状态 j 的个体占该类农村金融主体总数的比例。生态位宽度 B_i 与竞争密切相关。农村金融主体的激烈竞争易导致生态位"泛化"和"特化"现象。泛化使可利用的资源增多，但生态位宽度增加，易激化竞争；特化使其他农村金融主体生态位的重叠较小，从而减少竞争。一般说来，当主要资源缺乏时，农村金融主体将增加获取资源的种类，使所利用资源趋于泛化，生态位宽度加大；在资源丰富的条件下，则又会减少获取资源的种类，使资源趋于特化，生态位宽度变窄。

四、生态位重叠模型

生态学家把两个以上物种对一定资源位的共同利用程度称作生态位重叠（Abrams，1980；Colwell，1971）。在农村金融主体系统中，农村金融主体生态位重叠是 2 个或 n 个农村金融主体在生态上的相似程度的度量，包括同类资源利用，以及对生存能力、市场空间等相似程度的度量。农村金融主体生态位重叠表明了农村金融主体相互之间的相似性。两个农村金融主体生态位重叠程度越高，说明其相似程度越高，其直接利益冲突和竞争的强度越大。农村金融主体之间的生态位重叠程度越小，农村金融主体的多样性就越强。理想的农村金融主体结构，其生态位重叠程度应适当，既要保持一定的重叠，又要控制重叠的范围、程度和结构，适当控制金融主体多样性，维护适度竞争状态，取得整体效率、经济效应和社会效益的均衡。

Macarthur 提出了生态位重叠公式：

$$a_{xy} = \frac{\sum_{j=1}^{R}(P_{xj}P_{yj})}{\sum_{j=1}^{R}P_{xj}^2} = B_x \sum_{j=1}^{R}P_{xj}P_{yj} \qquad (4-4)$$

其特点是，若 $P_{xj} \neq P_{yj}$，即农村金融主体 x 与 y 在 j 资源位上所占比例不同，则有 $a_{xy} \neq a_{yx}$，即 x 与 y 的重叠值和 y 与 x 的重叠值不相等，并且 α_{xy} 或 α_{yx} 的值大于 1。

不对称 α 法（Levins 公式）：

$$a_{xy} = \sum_{j=1}^{R}(P_{xj}P_{yj}) \Big/ \sum_{j=1}^{R}P_{xj}^2 \qquad (4-5)$$

公式 4 – 5 的特点是 $a_{xy} \neq a_{yx}$，即 x 与 y 的重叠值和 y 与 x 的重叠值不相等。因为得出的生态位重叠值不是归一化数据，因此不便于对两主体在不同环境因子梯度上的生态位重叠关系进行比较。Levins 公式也缺乏直观的几何解释，同时由于重叠矩阵的非对称性，对于梯度不同的两个主体，生态位重叠关系的比较十分复杂，但是它比对称 α 法能更好地估计 Lotka Volterra 方程的竞争系数，使用较普遍。如果 $P_{xj} = kP_{yj}$，则 $a_{xy} = k$，这就反映出一个问题，如果种 j 比种 i 能更有效地躲避调查者，就会影响 a_{ij} 值。

R. 莱文斯采用对称 α 法，用 Pinaka 种群竞争公式中的竞争系数 α 表示重叠程度，公式如下：

$$a_{xy} = \sum_{j=1}^{R}P_{xj}P_{yj} \Big/ \Big[\Big(\sum_{j=1}^{R}P_{xj}^2\Big)\Big(\sum_{j=1}^{R}P_{yj}^2\Big)\Big]^{\frac{1}{2}} \qquad (4-6)$$

式中，$a_{xj} = a_{yj}$。对称 α 法对种群的个体数量或其在群落中种群的数量特征不敏感，却能客观地反映出种群之间对资源利用的相似性；且其生态位重叠值不超过 1，便于对不同种群的生态位重叠进行客观比较，实用性较强。

a_{xy} 表示农村金融主体 x 对 y 的生态位重叠值；P_{xj}、P_{yj} 分别代表农村金融主体 x 和 y 对资源 j 的利用部分。重叠程度取决于农村金融主体 x 和 y 利用同一资源的几率和生态位宽度。$a_{xy} \in [0, 1]$，$a_{xy} = 1$ 表示农村金融主体生态位完全重叠，$a_{xy} = 0$ 表示农村金融主体生态位完全分离，公式表明生态位重叠值 a_{xy} 与农村金融主体竞争强度成正比，反映出农村金融主体生态位重叠所引发的竞争压力。

由于多数农村金融主体具有不同的生态位宽度，因此重叠对不同农村金融主体的影响也不同，即可能 $a_{xy} \neq a_{xy}$。

五、生态位分离模型

高斯实验表明，如果两个不同的种具有相同的需要，它们将不可能永久地生活在同一环境；否则，一种最终要取代另一种。一个生态位只能被一个物种占据，形成生态位的分离。

生态位分离倾向与生态位分离，是指农村金融主体适应环境变化以及在竞争中呈现出不同的发展趋势和分化。任意两个农村金融生态主体在资源、空间等维度指标上的分离 M_{ij} 如公式 4 - 7 所示：

$$M_{ij} = M_{ji} = \frac{(1 - P_{ik})(1 - P_{jk})}{\sum\limits_{x=1}^{n} 1 - P_{xk}} \qquad (4-7)$$

式中，n 为农村金融主体的个数；P_{xk} 为第 x 个农村金融主体在第 k 个维度细分一级指标的定量评价值；P_{ik} 为第 i 个农村金融主体在第 k 个维度细分一级指标的定量评价值；P_{jk} 为第 j 个农村金融主体在第 k 个维度细分一级指标的定量评价值。

当农村金融主体存在于共同的生存环境中时，必然存在生态位分化现象，消除生态位重叠，实现农村金融主体的生态位分离。农村金融主体生态位分离方式主要有：（1）不同的农村金融主体利用不同类型的资源要素；（2）不同种类的农村金融主体进入同一区域时，金融工具种类、资金运用方式、贷款期限等不同；（3）农村金融主体在特定时间内分散占据不同的市场区域；（4）农村金融主体与其他类型的农村金融主体合作，达到共存共生。

六、生态位适宜度模型

不同的农村金融主体的发展影响因子不同，有些是存款的问题，有些是贷款的原因。假设存款是制约某农村金融主体发展的主要因子，把不同时间段的存款数值分别记为 x_1，x_2，$\cdots$，x_n。

各 x_i（$i=1$，2，$\cdots$，n）是与农村金融主体有关的生态因子，则生态位函数可以表示为：

$$N = F(X) = F(x_1, x_2, \cdots, x_n), \ X \in E_N$$

其中，$X = (x_1, x_2, \cdots, x_n)$，$E_N = \{X \mid F(X) > 0, X = (x_1, x_2, \cdots, x_n)\}$。

以上各生态因子的每组量化值 $X = (x_1, x_2, \cdots, x_n)$ 构成农村金融主体的存款位点，E_N 是其 N 维资源空间。如果在 E_N 中有一点 $X_a = (x_{1a}, x_{2a}, \cdots, x_{na})$ 使 $F(X) = \max\limits_{x \in E_n}\{F(X)\}$，则称 X_a 为该农村金融主体的最适合生态位点。

由此，可以建立以下模型：

$$y = \sum_{i=1}^{n} a_i \times \min\left(\frac{x_i}{x_{ia}}, \frac{x_{ia}}{x_i}\right)$$

$$y = \sqrt{\frac{1}{n}\sum_{i=1}^{n}\left(\frac{x_i}{x_{ia}}\right)^2}$$

$$y = 1 - 0.5\sum_{i=1}^{n} |p_i - q_i|$$

其中： $\qquad P_i = \dfrac{x_i}{\sum\limits_{i=1}^{n} x_i}$，$\quad q_i = \dfrac{x_{ia}}{\sum\limits_{i=1}^{n} x_{ia}}$ $\hfill$ （4-8）

$$y = \frac{1}{n}\sum_{i=1}^{n}\frac{a_i \times \min\{|x_i - x_{ia}|\} + a\max\{|x_i - x_{ia}|\}}{|x_i - x_{ia}| - a\max\{|x_i - x_{ia}|\}}, \quad 0 \leqslant a \leqslant 1$$

$$(4-9)$$

y 为存款生态位适宜度值，X_i 为第 i 期（$i=1$，2，…，n）农村金融主体中存款生态因子实际测验值；x_{ia} 为第 i 年农村金融主体中存款生态因子最适度值；a_i 为第 i 年的权重因子，a_i 可以根据存款分布情况估算。

七、协同进化模型

衡量农村金融主体协同进化的主要因素是生态位宽度，以生态位宽度、生态位重叠概念为基础可以建立一种协同进化模型，进而全面描述农村金融主体及其与资源要素之间的协同共生行为。

假设某区域有 x_1、x_2 两个农村金融主体，当 x_1、x_2 独自生存时，其生态位演变均遵循 Logistic 规律，记 X_1、X_2 分别为 x_1、x_2 利用资源的数量，r_1、r_2 分别为农村金融主体 x_1、x_2 的个体相对增长率，K_1、K_2 为其资源利用最大容量。对于农村金融主体 x_1，有 $\frac{dX_1}{dt} r_1 X\left(1 - \frac{X_1}{K_1}\right)$，其中，因子 $\left(1 - \frac{X_1}{K_1}\right)$ 反映了由于 x_1 对有限资源的不断获取而导致对其自身增长的阻滞作用，$\frac{X_1}{K_1}$ 为相对于 K_1 来说 x_1 所占用资源要素可以被 x_2 获取的数量。

当在某区域同时生存着农村金融主体 x_1、x_2 时，由于农村金融主体 x_2 利用同一资源对 x_1 产生的影响，可以在因子 $\left(1 - \frac{X_1}{K_1}\right)$ 中再减去一项，这项与农村金融主体 x_2 利用资源的数量 X_2 成正比。农村金融主体 x_1 的资源要素协同竞争方程为：

$$\frac{dX_1}{dt} = r_1 X_1\left(1 - \frac{X_1}{K_1} - \sigma_1 \frac{X_2}{K_2}\right) \qquad (4-10)$$

式中，σ_1 是协同竞争系数，表示农村金融主体 x_2 所利用资源要素提供

给 x_1 的数量是农村金融主体 x_1 所利用资源要素提供给 x_2 数量的 σ_1 倍，即农村金融主体 x_2 对 x_1 产生的相对抑制作用。同理，得到农村金融主体 x_2 的资源要素协同竞争方程：

$$\frac{\mathrm{d}X_2}{\mathrm{d}t} = r_2 X_2 \left(1 - \frac{X_2}{K_2} - \sigma_2 \frac{X_1}{K_1} \right) \tag{4-11}$$

由此，可以得到两农村金融主体 x_1、x_2 资源要素的协同竞争方程组：

$$\frac{\mathrm{d}X_1}{\mathrm{d}t} = r_1 X_1 \left(1 - \frac{X_1}{K_1} - \sigma_1 \frac{X_2}{K_2} \right)$$

$$\frac{\mathrm{d}X_2}{\mathrm{d}t} = r_2 X_2 \left(1 - \frac{X_2}{K_2} - \sigma_2 \frac{X_1}{K_1} \right) \tag{4-12}$$

然后，可以求出两农村金融主体 x_1、x_2 资源要素利用数量的平衡点：

$$X_1^* = \frac{1 - \sigma_2}{1 - \sigma_1 \sigma_2} X_1$$

$$X_2^* = \frac{1 - \sigma_1}{1 - \sigma_1 \sigma_2} X_2 \tag{4-13}$$

由公式 4-13 可知：$0 < \sigma_1 < 1$，$0 < \sigma_2 < 1$，且 $\dfrac{\mathrm{d}X_1^*}{\mathrm{d}\sigma_2^*} < 0$，$\dfrac{\mathrm{d}X_2^*}{\mathrm{d}\sigma_1^*} < 0$。

这表明，随着协同竞争系数的增大，农村金融主体 x_1、x_2 削减对方资源要素利用量的程度越大。如果条件满足，使用 Lyapounov 第一方法可以检验出平衡点是稳定的。这说明由于集群作用的存在，农村金融主体 x_1、x_2 之间将维持相对竞争状态，二者都试图扩大利用资源要素的数量。根据上述公式，农村金融主体 x_1、x_2 主要存在以下两种协同关系：

（1）如果农村金融主体 x_1、x_2 的生态位完全分离，那么在 x_1、x_2 之间没有竞争关系，二者都能占有自身全部生态位。此即 σ_1 或 X_2 为 0 和 σ_2 或 X_1 为 0 时，两个农村金融主体各自服从 Logistic 规律，呈 "S" 型增长，直到二者的生态位宽度达到自己区域的最大资源要素利用量，农村金融主体 x_1、x_2 生态位实现相对平衡状态。

（2）如果农村金融主体 x_1、x_2 的生态位存在重叠，则 x_1、x_2 之间存在协同竞争关系，由于生态位重叠，农村金融主体 x_1 对自身资源要素利用量的相对抑制作用为 $1/K_1$；农村金融主体 x_2 对自身资源要素利用量的相对抑制作用为 $1/K_2$；农村金融主体 x_2 对 x_1 资源要素利用量的相对抑制作用等于 σ_1/K_1，农村金融主体 x_1 对 x_2 资源要素利用量的相对抑制作用等于 σ_2/K_2。一般来说，协同竞争系数的是值大于 0 小于 1，具体取决于 K_1、K_2、σ_1、σ_2 的关系。

第四节　农村金融生态位测度

如前所述，农村金融生态位是农村金融生态主体在特定的农村金融生态系统中在与其他金融主体及金融环境的相互作用过程中所形成的相对地位。它更多地用生态位态势、生态位宽度、生态位重叠等概念和模型来描述农村金融生态主体之间的竞争关系。在生态位的实际测算中，所涉及的农村金融生态系统应当是一个具体的、有着比较清晰的地域边界的系统。在这个系统中，农村金融生态主体之间在金融业务开展过程中构成实际上的竞争（或非竞争）关系。由于信贷政策（如贷款发放的区域限制等）和其他具体条件的限制（如居民生活半径造成的储蓄存款的就近存储等），在计算生态位时，应当根据这些限制性条件，选择合适的具体农村金融生态系统作为研究对象。就我国当前实际情况而言，在地级市范围内，农村金融主体在机构数量（较县域范围为多）、信贷业务竞争关系（较更大地域范围内的竞争关系更直接）等方面能够较好地满足生态位测算的上述要求。

下文以山东省 LC 市农村金融生态系统为分析对象，利用中国人民银行 LC 市中心支行提供的数据，运用生态位原理和模型，对 LC 市农村金融的生态位态势、生态位宽度、生态位重叠等进行实证演算。

一、指标选择和模型求解

（1）数据来源。测算所用数据全部来源于中国人民银行 LC 市中心支行调查统计部门提供的各金融机构数据。LC 市的金融机构主要包括：中国农业发展银行 LC 市分行、中国工商银行 LC 市分行、中国农业银行 LC 市分行、中国银行 LC 市分行、中国建设银行 LC 市分行、华夏银行 LC 市支行、山东省农村信用社 LC 市办事处、中国邮政储蓄银行 LC 市分行、济南市商业银行 LC 市分行；其中，中国农业银行 LC 市分行、山东省农村信用社 LC 市办事处、中国邮政储蓄银行 LC 市分行是主要的涉农金融机构。

（2）指标选择。在指标的选择上，选取 2006—2010 年的各项存款、涉农贷款、农村贷款、农户贷款、农村企业及各类组织贷款，以及各项贷款、金融机构网点数、从业人员数等指标，分别描述某农村金融主体或农村金融系统的生态位、生态位宽度、生态位重叠等状况。

（3）模型求解。根据建立的模型和指标体系，将统计数据分别代入相关计算公式，利用 EXCEL 2003 对有关数据进行运算。

二、LC 市农村金融生态位测算

在测算农村金融生态主体生态位时，不仅要测算状态，也要测算其对环境的影响力或支配力。在测算农村金融生态系统 n 个金融主体中金融主体 x 的生态位时，使用下列方程式：

$$N_x = \frac{S_x + A_x P_x}{\sum_{y=1}^{n} (S_y + A_y P_y)}$$

（一）LC 市农村金融各项存款生态位

依据高斯生态位原理，生态位的值越接近 1，说明在所研究的系统中发挥的生态作用越大；越接近 0，说明其发挥的生态作用越小。表 4 - 4 表明，山东农信社 LC 市办事处在 2007—2010 年间，各项存款的生态位值一直处于首位，这符合农村信用社在 LC 市农村金融生态系统中所处的重要地位。从生态位值的变化趋势来看，山东农信社 LC 市办事处在各项存款上的生态位数值呈现逐年下降的趋势，其生态位数值从 2007 年的 0.57 下降到 2010 年的 0.46，而农业银行 LC 市分行和邮储银行 LC 市分行的各项存款生态位逐年缓慢上升。这从一个方面说明，农业银行、邮政储蓄银行与农村信用社在存款方面存在一定的竞争关系，双方在竞争中此消彼长。

表 4 - 3　2006—2010 年 LC 市农村金融数据——各项存款（单位：万元）

	2006 年	2007 年	2008 年	2009 年	2010 年
农行 LC 市分行	802 246.55	876 040.93	54 381.34	1 384 313.02	1 576 847.95
山东农信社 LC 市办事处	1 754 460.00	2 042 459.00	2 565 800.00	2 939 728.00	2 962 244.00
邮储银行 LC 市分行	801 114.00	816 774.00	962 684.02	1 166 547.71	1 439 430.39

表 4 - 4　LC 市农村金融各项存款生态位

2010 年			
	各项存款余额	年变化量	绝对生态位	生态位
农行 LC 市分行	1 576 847.95	192 534.93	1 769 382.88	0.273 625
山东农信社 LC 市办事处	2 962 244.00	22 516.00	2 984 760.00	0.461 576
邮储银行 LC 市分行	1 439 430.39	272 882.68	1 712 313.07	0.264 799
2009 年			
	各项存款余额	年变化量	绝对生态位	生态位
农行 LC 市分行	1 384 313.02	298 351.36	1 682 664.38	0.264 290
山东农信社 LC 市办事处	2 939 728.00	373 928.00	3 313 656.00	0.520 464
邮储银行 LC 市分行	1 166 547.71	203 863.70	1 370 411.41	0.215 246
2008 年			
	各项存款余额	年变化量	绝对生态位	生态位
农行 LC 市分行	1 085 961.66	209 920.73	1 295 882.39	0.235 889
山东农信社 LC 市办事处	2 565 800.00	523 341.00	3 089 141.00	0.562 315
邮储银行 LC 市分行	962 684.02	145 910.02	1 108 594.03	0.201 797
2007 年			
	各项存款余额	年变化量	绝对生态位	生态位
农行 LC 市分行	876 040.93	73 794.38	949 835.31	0.230 951
山东农信社 LC 市办事处	2 042 459.00	287 999.00	2 330 458.00	0.566 645
邮储银行 LC 市分行	816 774.00	15 660.00	832 434.00	0.202 404

（二）LC 市农村金融涉农贷款生态位

2007 年，中国人民银行和中国银监会制定了《涉农贷款专项统计制度》，专门统计与"三农"有关的各项贷款。从统计口径上，涉农贷款包括：农户贷款；农村企业及各类组织贷款；城市企业及各类组织涉农贷款，指发放给注册地位于城市区域的企业及各类组织从事农、林、牧、渔业活动以及支持农业和农村发展的贷款。表 4-6 表明，2009 年、2010 年山东农信社 LC 市办事处在涉农贷款上的生态位值均在 0.25 以上，居于首位。生态位值最低的是济南市商行 LC 市分行，这家银行设在 LC 市城区，在农村地区没有营业网点，所发放的涉农贷款也是投向 LC 市城区与农业相关的企业。这说明，在发放涉农贷款方面，农村信用社在 LC 市农村金融生态系统中发挥着绝对主导的作用；而作为国家商业银行的农业银行等，其信贷支农作用的发挥相对较弱。

表 4-5　2008—2010 年 LC 市农村金融数据——涉农贷款（单位：万元）

	2008 年	2009 年	2010 年
农发行 LC 市分行	492 368. 53	489 052. 16	493 984. 28
工行 LC 市分行	1 027 269. 20	1 313 578. 63	1 349 565. 33
农行 LC 市分行	494 232. 10	720 478. 74	975 498. 16
中行 LC 市分行	309 420. 56	523 441. 02	656 121. 99
建行 LC 市分行	355 579. 04	479 942. 98	639 323. 47
华夏银行 LC 市支行	193 873. 00	269 903. 80	323 454. 48
山东农信社 LC 市办事处	1 335 864. 00	1 690 662. 00	1 760 470. 00
邮储银行 LC 市分行	11 047. 60	77 419. 31	121 560. 29
济南市商行 LC 市分行	200. 00	3 589. 00	20 737. 00

表 4-6　LC 市农村金融涉农贷款生态位

	2010 年			
	涉农贷款余额	年变化量	绝对生态位	生态位
农发行 LC 市分行	49 3984. 28	4 932. 122 93	498 916. 40	0.070 138
工行 LC 市分行	1349 565. 33	35 986. 700 19	1 385 552. 03	0. 194 782

2010 年			
	涉农贷款余额	年变化量	绝对生态位	生态位
农行 LC 市分行	975 498.16	255 019.413	1 230 517.57	0.172 987
中行 LC 市分行	656 121.99	132 680.9737	788 802.97	0.110 890
建行 LC 市分行	639 323.47	159 380.4981	798 703.97	0.112 282
华夏银行 LC 市支行	323 454.48	53 550.676 55	377 005.16	0.053 000
山东农信社 LC 市办事处	1 760 470.00	69 808	1 830 278.00	0.257 301
邮储银行 LC 市分行	121 560.29	44 140.973 16	165 701.26	0.023 294
济南市商行 LC 市分行	20 737.00	17 148	37 885.00	0.005 326

2009 年			
	涉农贷款余额	年变化量	绝对生态位	生态位
农发行 LC 市分行	489 052.16	− 3 316.369 376	485 735.79	0.070 231
工行 LC 市分行	1 313 578.63	286 309.426 2	1 599 888.06	0.231 322
农行 LC 市分行	720 478.74	226 246.644 1	946 725.39	0.136 884
中行 LC 市分行	523 441.02	214 020.457 6	737 461.48	0.106 627
建行 LC 市分行	479 942.98	124 363.931 4	604 306.91	0.087 375
华夏银行 LC 市支行	269 903.80	76 030.803 5	345 934.61	0.050 017
山东农信社 LC 市办事处	1 690 662.00	354 798	2 045 460.00	0.295 746
邮储银行 LC 市分行	77 419.31	66 371.710 47	143 791.02	0.020 790
济南市商行 LC 市分行	3 589.00	3 389	6 978.00	0.001 009

（三）LC 市农村金融农村贷款生态位

在《涉农贷款专项统计制度》中，按照城乡地域将涉农贷款分为农村贷款和城市涉农贷款。农村贷款是向位于农村地区的农户、农村企业及各类组织发放的贷款，统计口径较涉农贷款小。在表 4 - 8 中，山东农信社 LC 市办事处的生态位值仍然最高，处于首位。

表 4 - 7　2008—2010 年 LC 市农村金融数据——农村贷款（单位：万元）

	2008 年	2009 年	2010 年
农发行 LC 市分行	342 009.30	345 782.40	371 479.61
工行 LC 市分行	1 008 969.20	1 178 299.63	1 207 398.62

续表

	2008 年	2009 年	2010 年
农行 LC 市分行	494 032. 10	720 258. 74	973 928. 16
中行 LC 市分行	301 220. 56	523 441. 02	656 121. 99
建行 LC 市分行	355 579. 04	479 942. 98	639 323. 47
华夏银行 LC 市支行	188 289. 00	258 019. 60	311 370. 28
山东农信社 LC 市办事处	1 317 624. 00	1 670 422. 00	1 743 796. 00
邮储银行 LC 市分行	11 047. 60	77 419. 31	121 560. 29
济南市商行 LC 市分行	0. 00	0. 00	17457. 00

表 4 – 8　LC 市农村金融农村贷款生态位

2010 年				
	农村贷款余额	年变化量	绝对生态位	生态位
农发行 LC 市分行	371 479. 61	25 697. 21	397 176. 82	0. 058 141
工行 LC 市分行	1 207 398. 62	29 098. 99	1 236 497. 61	0. 181 005
农行 LC 市分行	973 928. 16	253 669. 41	1 227 597. 57	0. 179 702
中行 LC 市分行	656 121. 99	132 680. 97	788 802. 97	0. 115 469
建行 LC 市分行	639 323. 47	159 380. 50	798 703. 97	0. 116 919
华夏银行 LC 市支行	311 370. 28	53 350. 68	364 720. 95	0. 053 390
山东农信社 LC 市办事处	1 743 796. 00	73 374. 00	1 817 170. 00	0. 266 007
邮储银行 LC 市分行	121 560. 29	44 140. 97	165 701. 26	0. 024 256
济南市商行 LC 市分行	17 457. 00	17 457. 00	34 914. 00	0. 005 111
2009 年				
	农村贷款余额	年变化量	绝对生态位	生态位
农发行 LC 市分行	345 782. 40	3 773. 10	349 555. 51	0. 053 874
工行 LC 市分行	1 178 299. 63	169 330. 43	1 347 630. 06	0. 207 698
农行 LC 市分行	720 258. 74	226 226. 64	946 485. 39	0. 145 873
中行 LC 市分行	523 441. 02	222 220. 46	745 661. 48	0. 114 922
建行 LC 市分行	479 942. 98	124 363. 93	604 306. 91	0. 093 136
华夏银行 LC 市支行	258 019. 60	69 730. 60	327 750. 20	0. 050 513
山东农信社 LC 市办事处	1 670 422. 00	352 798. 00	2 023 220. 00	0. 311 821
邮储银行 LC 市分行	77 419. 31	66 371. 71	143 791. 02	0. 022 161
济南市商行 LC 市分行	0. 00	0. 00	0. 00	0. 000 000

（四）LC 市农村金融农户贷款生态位

农户贷款是指金融企业发放给农户的所有贷款。《涉农贷款专项统计制度》要求，农户贷款的判定应以贷款发放时的承贷主体是否属于农户为准。所谓农户，是指长期（一年以上）居住在乡镇（不包括城关镇）行政管理区域内的住户，还包括长期居住在城关镇所辖行政村范围内的住户和户口不在本地而在本地居住一年以上的住户，以及国有农场的职工和农村个体工商户。特别指出的是，位于乡镇（不包括城关镇）行政管理区域内和在城关镇所辖行政村范围内的国有经济的机关、团体、学校、企事业单位的集体户；有本地户口，但举家外出谋生一年以上的住户，无论是否保留承包耕地，均不属于农户。农户以户为统计单位，既可以从事农业生产经营，也可以从事非农业生产经营。LC 市的金融机构中，只有农行 LC 市分行、山东农信社 LC 市办事处、邮储银行 LC 市分行三家金融机构发放农户贷款。其中，农村信用社是农户获得贷款的重要渠道，在很多地方甚至是唯一的渠道。山东农信社 LC 市办事处的生态位达 0.8 以上，占据绝对优势。

表 4-9　2008—2010 年 LC 市农村金融数据——农户贷款（单位：万元）

	2008 年	2009 年	2010 年
农行 LC 市分行	5 880.45	73 096.22	108 600.74
山东农信社 LC 市办事处	743 154.00	1 100 082.00	1 264 128.00
邮储银行 LC 市分行	11 047.60	77 419.31	121 560.29

表 4-10　LC 市农村金融农户贷款生态位

2010 年			
	农户贷款余额	年变化量	绝对生态位	生态位
农行 LC 市分行	108 600.74	35 504.52	144 105.26	0.082 915
山东农信社 LC 市办事处	1 264 128.00	164 046.00	1 428 174.00	0.821 743
邮储银行 LC 市分行	121 560.29	44 140.97	165 701.26	0.095 341
2009 年			
	农户贷款余额	年变化量	绝对生态位	生态位
农行 LC 市分行	73 096.22	67 215.77	140 311.99	0.080 588
山东农信社 LC 市办事处	1 100 082.00	356 928.00	1 457 010.00	0.836 827
邮储银行 LC 市分行	77 419.31	66 371.71	143 791.02	0.082 586

（五）LC 市农村金融农村企业及各类组织贷款生态位

农村企业和各类组织涉农贷款是按照受贷主体划分的涉农贷款的组成部分。在这项测算指标的生态位方面，发生了变化。农村信用社不再居于首位，而国有商业银行，包括工行 LC 市分行、农行 LC 市分行、中行 LC 市分行、建行 LC 市分行等的生态位居前 4 位。实际情况是，这些银行发放的贷款主要是投向农村企业，贷款数额较大；农户基本上不作为商业银行的贷款对象。

表 4 - 11 2008—2010 年 LC 市农村金融数据——农村企业及各类组织贷款（单位：万元）

	2008 年	2009 年	2010 年
农发行 LC 市分行	342 009.30	345 782.40	371 479.61
工行 LC 市分行	1 008 969.20	1 178 299.63	1 207 398.62
农行 LC 市分行	488 151.65	647 162.52	865 327.42
中行 LC 市分行	301 220.56	523 441.02	656 121.99
建行 LC 市分行	355 579.04	479 942.98	639 323.47
华夏银行 LC 市支行	188 289.00	258 019.60	311 370.28
山东农信社 LC 市办事处	574 470.00	570 340.00	479 668.00
济南市商行 LC 市分行	0.00	0.00	174 57.00

表 4 - 12 LC 市农村金融农村企业及各类组织贷款生态位

	2010 年			
	农企贷款余额	年变化量	绝对生态位	生态位
农发行 LC 市分行	371 479.61	25 697.21	397 176.82	0.077 980
工行 LC 市分行	1 207 398.62	29 098.99	1 236 497.61	0.242 769
农行 LC 市分行	865 327.42	218 164.90	1 083 492.31	0.212 729
中行 LC 市分行	656 121.99	132 680.97	788 802.97	0.154 871
建行 LC 市分行	639 323.47	159 380.50	798 703.97	0.156 814
华夏银行 LC 市支行	311 370.28	53 350.68	364 720.95	0.071 608
山东农信社 LC 市办事处	479 668.00	- 90 672.00	388 996.00	0.076 374
济南市商行 LC 市分行	17 457.00	17 457.00	34 914.00	0.006 855

2009 年			
	农企贷款余额	年变化量	绝对生态位	生态位
农发行 LC 市分行	345 782.40	3 773.10	349 555.51	0.073 633
工行 LC 市分行	1 178 299.63	169 330.43	1 347 630.06	0.283 874
农行 LC 市分行	647 162.52	159 010.87	806 173.39	0.169 818
中行 LC 市分行	523 441.02	222 220.46	745 661.48	0.157 071
建行 LC 市分行	479 942.98	124 363.93	604 306.91	0.127 295
华夏银行 LC 市支行	258 019.60	69 730.60	327 750.20	0.069 039
山东农信社 LC 市办事处	570 340.00	− 4 130.00	566 210.00	0.119 270
济南市商行 LC 市分行	0.00	0.00	0.00	0.000 000

三、LC 市农村金融生态位宽度测算

这里把生态位宽度的原理运用到农村金融生态研究中，对 LC 市农村金融生态主体进行测算。根据 Levins 公式中的 Simpson 指数，使用以下生态位宽度测算公式：

$$B_i = \frac{1}{\sum\limits_{j=1}^{R} P_{ij}^2} = \frac{\left[\sum\limits_{j=1}^{R} N_{ij}\right]^2}{\sum\limits_{j=1}^{R} N_{ij}^2} = \frac{Y_i^2}{\sum\limits_{j=1}^{R} N_{ij}^2}$$

假设农村金融主体的各项存款、各项贷款、金融机构网点数、从业人员数是其可以利用的资源。这里选择 LC 市 4 家农村金融机构，运用 2008 年的数据，将统计数据代入 Levins 公式中的 Simpson 指数公式，使用 Excel 2003 进行计算。结果如表 4-13 所示。

表 4-13 利用 Simpson 指数公式测算的生态位宽度

农村金融主体	机构网点数 （个）	从业人员数 （万人）	各项贷款 （万元）	各项存款 （万元）	生态位宽度
农行 LC 市分行	40	1 000	421 474.00	1 085 960.66	3.701 005
山东农信社 LC 市办事处	220	2 517	1 353 421.00	2 565 800.00	3.985 736

农村金融主体	机构网点数 （个）	从业人员数 （万人）	各项贷款 （万元）	各项存款 （万元）	生态位宽度
农发行 LC 市分行	7	138	370 485.00	54 381.34	1.736 813
邮储银行 LC 市分行	138	767	2 917.00	962 684.02	2.760 432
合计	405	4 422	2 148 297	4 668 826.02	—

根据计算结果，山东农信社 LC 市办事处的生态位宽度为 3.99，宽度最大，说明农村信用社在 LC 市农村金融生态系统中发挥的作用大，影响力强，对上述资源的利用广泛，具有较强的竞争力；而农发行 LC 市分行的生态位宽度最小，其竞争力和影响力都最小。测算结果符合 LC 市农村金融发展的实际状况。

四、LC 市农村金融生态位重叠测算

这里选择农发行 LC 市分行、农行 LC 市分行、山东农信社 LC 市办事处、邮储银行 LC 市分行作为研究对象，将 4 家机构两两比较。生态位重叠的测算采用 Macarthur 公式：

$$a_{xy} = \frac{\sum_{j=1}^{R}(P_{xj}P_{yj})}{\sum_{j=1}^{R}P_{xj}^2} = B_x \sum_{j=1}^{R} P_{xj}P_{yj}$$

这里选择运用 2008 年的各项存款、各项贷款、金融机构网点数、从业人员数等数据，代入 Macarthur 公式，使用 Excel 2003 进行农村金融生态位重叠的测算，结果如表 4 – 14 所示。

表 4 – 14　利用 Macarthur 公式测算的生态位重叠情况

	农行 LC 市分行	山东农信社 LC 市办事处	农发行 LC 市 分行	邮储银行 LC 市分行
农行 LC 市分行	1.000 000	0.929 396	0.956 523	0.823 952
山东农信社 LC 市办事处	1.000 898	1.000 000	1.063 161	0.958 944
农发行 LC 市分行	0.448 879	0.019 821	1.000 000	0.144 204
邮储银行 LC 市分行	0.614 553	0.664 143	0.229 193	1.000 000

根据上述生态位重叠原理，农村金融主体生态位重叠表明了农村金融主体之间的相似性和竞争强度。农村金融主体生态位重叠程度越高，说明其相似程度越高，直接利益冲突和竞争强度越大。根据 Gause 原理，如果两个农村金融主体具有完全一样的生态位，生态位重叠部分必然发生竞争排斥作用。分析表 4-14 可知，LC 市 4 家农村金融机构在 4 种资源的利用方面具有非常强的竞争性。生态重叠值最高的达到 0.958 的相似性。山东农信社 LC 市办事处与其他农村金融机构的生态位重叠均较高，甚至达到完全重叠。农业发展银行 LC 市分行与其他农村金融机构的生态位重叠均较低，其中与邮政储蓄银行 LC 市分行的重叠最小，这可能与农业发展银行的性质有关。

第五节　农村金融生态竞争的讨论

对于农村金融市场生态主体的竞争性问题的认识，理论界仍然存在较大差异。有学者认为农业是弱质产业，赞同市场竞争，但不赞同农村市场竞争，主张应该对其采取保护机制；有的学者认为农村金融市场容量较小，容不下竞争；有的学者认为引入竞争机制可能会影响农村信用社的支农主力作用；有的学者认为引入竞争可能会影响农村金融的稳定。然而中国农村金融市场需要遵循市场化导向原则，引入竞争机制，在实现金融业务创新、多样性上仍要努力。刘芍佳和李骥的研究认为，市场竞争和市场约束对激励企业改善经营机制至关重要。

在中国农村金融市场上，虽然各金融生态主体间的竞争是存在的，但是未形成有效的竞争机制。具体来看，各金融主体的生态位存在一定程度上的重叠问题。存款方面，邮政储蓄网点分布广泛，与农村信用社形成竞争，成为中国农村金融市场上的吸储大户。贷款方面，农村信用社、中国农业银行、邮政储蓄现在都提供贷款业务，存在一定程度上的竞争性；民间金融在贷款方式、审批程序和信贷期限等方面存在一定优势，在与正规金融机构争夺贷款市场。国际农业发展基金会的研究报告指出，中国农民来自非正规金融市场的贷款是来自正规金融市场的 4 倍。但是，这种竞争又是不充分的。近年来，中国农业银行有所关注农村市场，但市场竞争的视角逐渐由农村转向城市，由农业转向工商业。农业发展银行只对特殊的企业提供信贷。各种形式的非正规金融组织缺乏足够政策鼓励和支持。在广大农村地区，农村信用社是农村金融市场上唯一的正规金融组织。保险机构业务在农村地区发展缓慢。金融产品和服务的灵活性、创新不足。从农村金融需求来看，由于中国农村经济发展具有较大的不平衡性和层次性，农村需求主体对金融产品和服务的需求也呈现多样性。目前，这种多样性的需求还没有很好地得到满足。

第六节　农村金融生态主体的多样性

一、农村金融主体多样性的结构观视角

金融结构理论是戈德史密斯通过对金融发展理论的开创性研究提出的。金融发展理论研究金融发展与经济增长之间的关系和作用机制，说明各种金融变量的变化及金融制度变革对经济发展的长期影响，由此得出发展中国家为促进经济增长所应采取的金融发展政策。戈德史密斯认为，各种金融工具和金融机构的形式、性质及其相对规模共同构成一个国家或地区的金融结构，而金融发展就是指一个国家或地区金融结构的变化。这个理论概念对发展中国家的金融发展政策产生了重要影响，机构（或结构）改革成为各国金融改革的主要内容。我国的农村金融体制改革也基本上沿着机构改革的路径进行。

目前，中国主要的农村金融机构包括中国农业发展银行、中国农业银行、中国邮政储蓄银行、农村信用合作社、农业保险机构和其他非正规金融组织，逐步形成了政策性金融、商业性金融和合作性金融相结合的金融结构体系。

（1）政策性银行。中国农业发展银行是实施"三农"资金支持、逆市场配置资金的政策性银行，是增加农村和农业资金投入的重要手段。农业发展银行直接或间接投资农业政策扶持项目，诱导更多的商业性、社会性资金投入，通过乘数效应带动农村经济增长。国家对农业发展银行实行独立核算、自主保本经营、企业化管理的方针，这同其承担的农村政策性银行的职能存在一定矛盾，导致其业务范围狭窄。近年来，农业发展银行的业务范围在不断拓展，但是实际业务的开展仍没有到位。

（2）国有商业银行。1998 年以后，国有商业银行不断收缩撤并县及县以下机构，县域内分支机构基本不具有发放贷款的权利。中国农业银行的农村金融主导地位也开始弱化，逐渐演变成仅在农村吸收储蓄存款而较少向农民和农村经济组织提供贷款的金融机构。近年来，农业银行也开始开展农户小额信贷业务，但从规模上看，贷款业务还是主要集中于工商企业。

（3）农村信用社。随着国有银行信贷支农的功能和业务量的缩减，各级农村信用社成为信贷支农任务的主要承担者。农村信用社处于农村基层，覆盖面广，与农民、农村、农业的关系最密切。资料显示，农村中 80% 的农户生产经营活动和 70% 的乡镇企业是由农村信用社提供资金支持的。但是，农村信用社在治理结构上产权关系不明晰，性质定位不明，缺乏信贷创新，在行政干预下形成的坏账使其不良资产率较高。

表 4–15　2001—2008 年中国农村信用社存贷款变动表（单位：亿元）

年份	农村信用社存款额	农村信用社贷款额	农村信用社存差
2001	17 263.45	11 971.17	5 292.28
2002	19 875.47	13 937.71	5 937.76
2003	23 710.2	16 978.69	6 731.51
2004	27 289.1	19 237.84	8 051.26
2005	27 605.61	18 680.86	8 924.75
2006	30 341.28	20 681.9	9 659.38
2007	35 167.03	24 121.61	11 045.42
2008	41 548.86	27 452.32	14 096.54

资料来源：《中国金融统计年鉴》各年版。

（4）邮政储蓄银行。其在广大农村地区网点设置较多、深入农村、覆盖面高，业务范围较前有所扩大，逐渐开始向城乡居民提供小额信贷、消费信贷、信用卡、投资理财、企业结算等服务。相对于快速增长的储蓄，邮政储蓄银行在农村地区的贷款量较小，大量农村资金通过邮政储蓄渠道流向城市。数据显示，近年来邮政储蓄农村存款占全国农村存款的比例每年都达到20%左右，且呈逐年上升趋势。

表4－16　1986—2006年邮政储蓄发展状况

年份	网点（处）	其中：农村（处）	农村占比（%）	储蓄存款余额（亿元）	其中：农村（亿元）	农村占比（%）
1986	2 794			5.64		
1987	9 477			37.6		
1988	13 651	9 484	69.5	70.34		
1989	15 609	9 879	63.3	100.84	24.4	24.2
1990	17 305	12 002	69.4	180.34	45.76	25.4
1991	18 738	13 083	69.8	315.5	88.02	27.9
1992	20 017	13 955	69.7	476.76	124.73	26.2
1993	21 945	15 353	70.0	615.9	215.16	34.9
1994	26 750	18 559	69.4	994.25	339.03	34.1
1995	30 130	20 513	68.1	1 615.83	546.9	33.8
1996	30 712	21 260	69.2	2 146.55	740.06	34.5
1997	31 473	21 061	66.9	2 645.68	882.78	33.4
1998	31 563	20 789	65.9	3 202.05	1 078.96	33.7
1999	31 477	20 333	64.6	3 815.37	1 262.68	33.1
2000	31 763	20 548	64.7	4 579.21	1 632.69	35.7
2001	31 704	20 242	63.8	5 908.46	2 024.85	34.3
2002	31 704	20 242	63.8	7 363.46	2 511.85	34.1
2003	31 704	20 242	63.8	8 985.69	3 066.13	34.1
2004	31 704	20 242	63.8	10 787.25	3 678.31	34.9
2005	35 043	20 674	59.0	13 598.98	4 861.69	35.8
2006	36 663	19 926	54.3	16 016.0	5 758.0	36.0

资料来源：《中国金融年鉴》各年版。

（5）农业保险机构。随着农村经济发展和产业结构的进一步调整，农业保险发展的内外部环境发生深刻变化。农业保险固有的高赔付、低回报特点，使商业性农业保险业务日趋萎缩。加之农民可支配收入低，有效购买力不足，参保意识较弱，商业性农业保险出现展业难、缴费难、风险基金积累不足等一系列困难，业务规模急剧下降，基本上处于停滞不前的局面。政策性农业保险发展缓慢。

表 4 – 17 1982—2005 年中国农业保险经营概况

年份	保费收入（亿元）	赔款支出（亿元）	净赔付率（%）	管理费用（亿元）	总赔付率（%）
1982	23	22	95.7	4.6	115.7
1983	173	233	134.7	34.6	154.7
1984	1 007	725	72	201.4	92
1985	4 332	5 266	121.6	866.4	141.6
1986	7 803	10 637	136.3	1 560.6	156.3
1987	10 028	12 604	125.7	2 005.6	145.7
1988	11 534	9 546	82.8	2 306.8	102.8
1989	12 931	10 721	82.9	2 586.2	102.9
1990	19 248	16 723	86.9	3 849.6	106.9
1991	45 504	54 194	119.1	9 100.8	139.1
1992	81 690	81 462	99.7	16 338	119.7
1993	82 990	96 849	116.7	16 598	136.7
1994	50 404	53 858	106.9	10 080.8	126.9
1995	49 620	36 450	73.5	9 924	93.5
1996	57 436	39 481	68.7	11 487.2	88.7
1997	57 589	41 871	72.7	11 517.8	92.7
1998	71 472	56 304	78.8	14 294.4	98.8
1999	63 228	48 556	76.8	12 645.6	96.8
2000	40 000	30 000	75	8 000	95
2001	30 000	30 000	100	6 000	120
2002	50 000	40 000	80	10 000	100
2003	50 000	30 000	60	10 000	80
2004	40 000	30 000	75	8 000	95
2005	70 000	60 000	86	14 000	106

资料来源：《中国金融统计年鉴》各年版。

（6）非正规金融组织。中国的民间非正规金融机构有民间个人借贷、私人钱庄、民间集资等多种形式。农村正规金融机构的供给不足，甚至成为农村资金大量外流的渠道，为民间金融的发展提供了生存空间。农户的融资需求具有分散化、规模小、周期长、监管难、风险大等特点，这是民间金融的优势所在。根据农村固定观察点 2006 年的统计，西部地区农户从正规金融机构获得的贷款只占借款总额的 40%。另据 2009 年新农村建设调查数据，48% 的农户生产中最大的困难是缺乏资金，而西部农村信用社仅可满足农户资金需求的 13%，其余大部分是通过亲友或其他渠道获得。长期以来，我国对民间非正规金融组织管制严格，该类金融机构难以获得正常发展。一方面，广大农户的融资需求得不到满足；另一方面，大量农户存款通过国有正规金融机构转移到非农部门。

从整体上看，当前中国农村地区存在多层次的金融组织，具有一定的多样性特征。但是，就区域性的农村金融市场来说，这种多样性则明显不足。数据显示，2007 年年底全国县域金融机构的网点数为 12.4 万个，比 2004 年减少 9 811 个。4 家国有银行的县域网点数为 2.6 万个，比 2004 年减少 6 743 个。其中，农业银行的县域网点数为 1.31 万个，比 2004 年减少 3 784 个，下降 2 个百分点。在 4 家大型商业银行收缩县域营业网点的同时，其他县域金融机构的网点也在减少。2007 年年底，农村信用社县域网点数为 5.2 万个，比 2004 年减少 9 087 个。在为数不少的乡镇以下行政区域，农村信用社是农民能够接触到的唯一的正规金融机构。农村金融主体多样性不足和农村金融体系不完善，无法满足农村经济主体多样化金融需求。同时，由于缺乏竞争主体和有效竞争机制，农村金融市场垄断经营情况比较普遍，存在市场结构失衡和金融资源配置低效等问题。

农村金融主体多样性的不足，还可以通过分析农村金融需求获得佐证。根据测算，改革开放以来，农村资金需求呈逐年扩大的趋势（见表 4 – 18）。

表 4-18　1978—2004 年农村资金需求量情况表

年份	国内生产总值（亿元）	广义货币 M2（亿元）	金融经济相关系数	农村国内生产总值（亿元）	农村资金需求量（亿元）
1978	3 624.1	1 159.1	0.319 8	1 239.4	396.4
1979	4 038.2	1 458.1	0.361 1	1 441.6	520.53
1980	4 517.8	1 842.9	0.407 9	1 667.1	680.03
1981	4 862.4	2 234.5	0.459 5	1 847.7	849.1
1982	5 294.7	2 589.8	0.489 1	2 102	1 028.15
1983	5 934.5	3 075	0.518 2	2 480.6	1 285.35
1984	7 171	4 146.3	0.578 2	3 219.8	1 861.69
1985	8 964.4	5 198.9	0.579 9	3 917.4	2 271.92
1986	10 202.2	6 720.9	0.658 8	4 540	2 990.8
1987	11 962.5	8 330.9	0.696 4	5 454.9	3 798.89
1988	14 928.3	10 099.8	0.676 6	6 822.2	4 615.61
1989	16 909.2	11 949.6	0.706 7	7 575.3	5 353.42
1990	18 547.9	15 293.4	0.824 5	8 903	7 340.83
1991	21 617.8	19 349.9	0.895 1	10 484.6	9 384.7
1992	26 638.1	25 402.2	0.953 6	13 132.6	12 523.28
1993	34 634.4	34 879.8	1.007 1	18 079.2	18 207.26
1994	46 759.4	46 923.5	1.003 5	24 034.3	24 118.68
1995	58 478.1	60 750.5	1.038 9	30 116.2	31 286.51
1996	67 884.6	76 094.9	1.120 9	35 028.5	39 264.97
1997	74 462.6	90 995.3	1.222	38 422.7	46 953.57
1998	78 345.2	104 498.5	1.333 8	40 504.5	54 025.72
1999	82 067.5	119 897.9	1.461	42 511	62 107.11
2000	89 468.1	134 610.4	1.504 6	44 734.1	67 305.2
2001	97 314.8	158 301.9	1.626 7	47 878.9	77 884.53
2002	105 172.3	185 007	1.759 1	51 218.9	90 098.41
2003	117 390.2	221 222.8	1.884 5	56 699.5	106 850.61
2004	136 875.9	253 207.7	1.849 9	66 795.4	123 565.36

　　资料来源：GDP、M2 数据分别来自《中国统计年鉴》和《中国金融年鉴》，农村 GDP 根据历年《农村经济绿皮书》GDP 城乡分解计算得到。

农村经济活动的主体是农户和农村企业，农村金融需求的主体包括普通农户、种植和养殖大户、农业产业化龙头企业和其他涉农企业等。

农户既是独立的生产实体，又是基本的消费单元；既是农村存款资金的主要供给者，同时又是农村金融服务的基本对象。按照农户的经济行为和信贷需求特征，可以把农户分为三类。一是自然经济或小商品经济条件下的农户，主要分布于西部贫困地区。该类主体多数为正规金融体系所排斥，只能通过政策性金融优惠贷款、小额贷款和财政性扶贫资金等特殊方式满足资金需求。二是向市场经济过渡的农户，主要分布在中部地区。这类农户基本解决了温饱问题，具有传统的负债观念，一般信誉较好。对于其小额资金需求，金融机构一般以信用贷款形式发放。由于农村信用社资金实力有限，资金需求仍然难以得到满足。三是市场型农户，主要分布在东部发达地区。这类农户的信贷资金需求大，但是由于缺乏有效承贷机制，缺乏合格抵押担保物，从商业银行申请贷款的难度也较大。

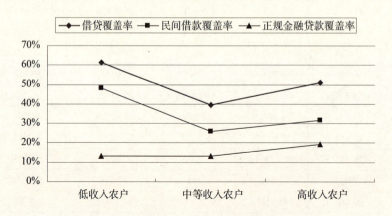

图4-7 不同收入层次农户的借贷覆盖率

根据农户的收入状况，可以将其划分为低收入农户、中等收入农户和高收入农户。根据对12个省、直辖市农户的调查，得到不同收入层次农户的借贷覆盖率（有借贷行为的农户户数占各收入层次农户总户数的比重），如图4-7所示。从中可以看出，不同收入组别中，低收入农户的借贷覆盖率最高，达61.5%，从民间金融机构借款的比重约为从正规金融机构借款比重的 4 倍;中等收入农户的借贷覆盖率最低,从民间金融机构借款的比重为从正规金融机构借款比重的 2 倍。

农村企业一般是指在农村地区从事生产和销售活动的经济组织。中国的农村企业主要是乡镇企业,作为农业产业化主体模式的龙头企业也在逐步形成。由于农村企业的规模、经营内容不同,其金融需求也表现出层次性特征。

二、农村金融主体多样性的功能观视角

农村金融生态主体的多样性决定于农村金融应当实现的功能,考察农村金融生态主体多样性的不足,还可以有金融功能观的视角。20 世纪 90 年代中期,兹维·博迪(Zvi. Bodie)和罗伯特·默顿(Robert. C. Merton)提出金融功能观以后,国内学界接受并开始以这种理论观点重新审视中国的农村金融改革,也对政府的改革思路产生了一定的影响。

金融功能观依赖两个基本假设:第一,金融功能比金融机构更稳定,随着时间的推移和区域的变化,金融功能的变化要小于金融机构的变化;第二,金融机构的功能比金融机构的组织结构更重要,只有金融机构不断创新和竞争才能最终实现金融体系具有更强的功能和更高的效率。他们在《全球金融体系:功能观点》中系统地阐述了金融体系的六大核心功能,分别是:在时间和空间上转移经济资源,实现消费的跨时延续和横向的资金融通;储备或聚集资源或分割股份,实现大规模资金的积聚或者满足小规模投资的需要;清算和支付结算,为商品和服务的交换提供高效率、便捷的支付结算方式;管理风险,如保险、担保、金融衍生产品等,为各种经济和金融活动提供转移和分散风险的方法和工具;提供价格信息,如股票价格、利率和汇率等,帮助经济部门做出正确决策;解决激励问题。

金融功能观为分析中国农村金融生态提供了一个有意义的视角。金融功能观的实质是从金融所处的系统环境和经济目标出发,考察金融系统与外部环境的功能耦合关系,在此基础上选择能够满足系统环境对金融功能

需求的金融形态和功能实现机制。按照功能观的分析思路，可以认为，中国农村金融改革最大的问题是存在明显的机构路径依赖，在一定程度上忽略了农村金融究竟应该实现什么功能、由什么样的金融主体来实现这些功能的基本问题。如果农村金融改革措施和金融发展政策不能直接回应这一基本问题，农村金融改革的目标将难以实现。目前我国总体上已进入以工促农、以城带乡的发展阶段，进入加快改造传统农业、走中国特色农业现代化道路的关键时刻，进入着力破除城乡二元结构、形成城乡经济社会发展一体化新格局的重要时期。农村金融作为农村经济的核心，也是货币化条件下工业经济和城市经济联系农业、农村经济的重要渠道。农村金融应该在这样一个新的历史时期，为全面推进农村改革发展做出实质性的贡献。经验研究表明，从全国范围来讲，农村金融功能的实现是不完全的、低效率的。而金融功能的实现的不完全和低效率，很大程度上是由于农村金融生态主体多样性的缺乏。

本书在研究中，通过对山东省西南部 LC 市农村金融状况的考察，得出了农村金融功能实现不完全、金融生态主体多样性缺乏的结论。LC 市的总体经济和农村经济发展水平较低，属于山东省经济欠发达的农业大市。2007年全市地区生产总值为 1022.96 亿元，人均地区生产总值为 18531 元，两项指标在全省 17 市中均处于较低位置。2007 年全市三次产业结构比为 15.1:59.2:25.7，全省比较来看，第一产业的比重仍然较高。农村经济方面，2007 年全市农业总产值为 279.92 亿元，占山东省总产值的 6%；农业生产以粮食、蔬菜、畜牧、林果、水产为主，耕作农业产值占农业总产值的65% 以上；农业人口占总人口的 70% 以上，2007 年农村居民人均纯收入约4 500 元。

（一）"转移经济资源"功能的实现

"转移经济资源"是农村金融最基本的功能，就是金融机构通过信用的方式实现消费的跨时延续和横向的资金融通，促进农村经济社会发展。农村金融的这种功能主要是通过借贷和投资来实现的。据统计，2007 年 LC 市农村投资为 100 亿元，同比增长 15.7%。同期，全市金融机构储蓄存款新增 47.9 亿元；投向农村的新增贷款（包括农业贷款和乡镇企业贷款）为 16 亿元，这表明，全市农村投资总额中只有 16% 是通过金融系统的储蓄转化的。当然，以农业贷款和乡镇企业贷款统计农村地区融资总量是窄口径的，对城市金融机构转移经济资源的功能作用有可能低估。这里再以涉农贷款（包括农户贷款和农村企业及各类组织贷款，未包含城市企业及各类组织涉农贷款）进行估算。由于 LC 市 2006 年的涉农贷款数据不完备，难以计算 2007 年全市涉农贷款的增量，本书以 2008 年上半年的涉农贷款增量进行估算。2008 年上半年，LC 市金融机构储蓄存款新增 67 亿元；涉农贷款余额为 377.6 亿元，比 2007 年增加 26.7 亿元。按照 2007 年农村投资增速，2008 年上半年 LC 市农村投资估算为 60 亿元。这样，通过金融系统储蓄转化的投资占全部农村投资的比重也只有 44.5%，由于一部分农户贷款是消费性的，一部分涉农贷款因数额较小不计入投资统计，44.5% 是一个高估的比例。因此，可以认为，LC 市农村金融主体"转移经济资源"或者说资源配置功能的发挥是不充分的，在促进区域农村经济发展方面没有提供足够的金融支持。

关于造成农村金融系统转移经济资源功能发挥不充分的原因，目前的认识比较统一。一是商业银行大量撤出农村地区，从农村吸收的资金没有返投到农村；二是邮政储蓄大量吸收农村地区储蓄存款，造成农村资金的外流；三是当前的农村金融组织，包括农村信用社普遍存在"去农化"的倾向。据 2007 年的统计，LC 市信贷资金的净流出量达 17.3 亿元。

（二）"储备或聚集资源与分割股份"功能的实现

这项功能主要指向银行类金融机构的储蓄功能和资本市场的资本积累和股份分割功能。储蓄功能是实现"转移经济资源"功能的前提，作为储户和投资者的中介，农村金融组织通过向储户"聚集"资金，进而完成资本转化。从这个意义上说，LC 市农村金融聚集资源的功能发挥得比较充分。从资本市场来看，农村金融则是通过"交换"证券，把农村经济活动的内在风险集中到那些愿意承担风险的财产持有者手中，同时使其他人取得他们想要的和具有灵活性的资产。LC 市农村地区的资本市场尚未发育，农民持有股票、参与证券市场的程度较低，资本市场"储备或聚集资源与分割股份"的功能在 LC 市农村地区不能得到体现。

（三）"清算与支付结算"功能的实现

清算与支付结算是农村金融为市场交易参与者提供的一项重要服务，目的是为农村商品和服务的交换提供高效便捷的支付结算方式。从 LC 市的情况来看，农村地区清算与支付结算功能的实现主要是通过农村信用社和邮政储蓄银行实现的。从调查来看，LC 市农村金融的清算与支付结算功能存在较大缺陷。一是支付结算服务覆盖率低。相对于农村地区的需求，金融营业网点的数量和分布结构仍不合理，县以下支付结算业务网点的数量偏低。二是支付结算方式单一。作为提供农村支付结算业务主渠道的农村信用社和邮政储蓄机构，支付结算方式仍以传统结算方式为主，具有融资功能的银行汇票、银行承兑汇票等结算方式的使用受到限制，银行卡业务也只开办了借记业务。

（四）"管理风险"功能的实现

农村经济生活中的风险不可避免，通过金融系统可以实现风险的分散或转移。农村金融"管理风险"的功能，主要是通过储蓄、保险、担保等，为农村经济和金融活动提供转移和分散风险的方法和工具。对于当前农村经济来讲，主要是对农业生产风险、市场风险和居民未来生活中风险的规避问题。储蓄由于缺乏保险机制所具有的杠杆作用，其所发挥的保险功能是十分有限的，多用于防范农村居民未来生活中的风险。从 LC 市农村的情况来看，农村金融"管理风险"功能受到很大限制。LC 市的政策性农业保险从 2006 年起开始试点，目前扩展到 2 个县市。政策性保险的保险标的为小麦、玉米和棉花，保险责任为火灾、雹灾和风灾，保费按农户和政府各50%的比例分担，政府补贴部分由山东省、LC 市和县市财政按照 25∶15∶10的比例分摊。由于试点时间较短，政策性保险的效应尚未充分体现。但是从目前来看，政策性农业保险存在保险标的少、保险责任覆盖面窄、政府补贴不及时、农户参保积极性低等问题。商业性农业保险由于高赔付率和高保费率使农民保不起、保险公司赔不起，在 LC 市仍然是业务空白。

（五）"解决激励问题"功能的实现

博迪和默顿对于这一功能的表述是"监督经营者并解决激励问题"。从理论上讲，股票市场、债券市场、风险资本、金融衍生品等都可以提供激励功能。其目的是在信息不对称的情况下，提供解决激励问题的方法，以保护处于信息劣势一方的利益。目前，这些激励功能暂时无法在农村发挥，发挥作用的主要是农村信贷。农户作为借款人保守大量的私人信息，这些信息对于作为贷款人的农村金融组织而言是不可知的，因此农村金融组织处于信息劣势。金融工具提供了解决信息不对称问题，从而解决激励问题的方法，如要求提供抵押物、在贷款协议中注明限制贷款用途、实行贷款过程控制等。从 LC 市的情况来看，农村信用社对借款人的经营状况相对比较了解，但由于产权问题没有解决、内部管理比较落后，在运用金融工具解决激励问题方面存在不足。

调查中反映的功能缺失问题，基本上能够在生态主体多样性上找到原因。LC 市农村金融生态主体（资金供给方）主要有中国农业发展银行、中国农业银行、中国邮政储蓄银行和农村信用合作社。由于农业发展银行政策性业务面狭窄、商业化业务开展较晚，农业银行的"去农村化"倾向明显，邮政储蓄银行的市场定位仍不明确，在乡镇一级，事实上农村信用社成为垄断农村金融市场的金融机构。研究表明，一个垄断的市场结构是不可能具有功能改进的动力的。因此，实现农村金融的功能，核心内容就是完善农村金融竞争机制，根据各地经济的发展状况和实际需要，在改革现有农村金融组织的基础上，设计出能支持当地经济发展需要的、具有多种存在形态的农村金融主体形式。

第五章　农村金融生态环境因子

第一节　环境因子的概念

生态学中的环境（environment），一般是指特定的生物或生物群体以外的空间以及影响该生物或生物群体生存的一切事物、条件的总和。环境总是针对某一特定主体或中心而言的，离开了主体或中心也就无所谓环境，因此环境只具有研究上的相对的意义。

生态因子（ecological factor），是指环境中对生物的生长、发育、生殖、行为和分布有直接或间接影响的环境要素，如温度、湿度、食物、氧气、二氧化碳和其他相关生物等。生态因子是生物存在所不可缺少的环境条件，也称为生物的生存条件。任何一种生物的生存环境中都存在很多生态因子，这些生态因子在其性质、特性和强度方面各不相同，彼此相互制约、相互组合，构成了多种多样的生存环境。

农村金融生态环境因子是相对于金融生态主体而言的，是指环境中对农村金融生态主体的产生、成长、扩张、衰退、退出及金融机构布局等有直接或间接影响的环境要素。如果把各种农村金融组织，包括金融机构营业网点、各金融机构系统等作为金融生态主体，那么对其产生影响的外部事物、条件就是农村金融生态的环境。

自然生态系统中，绝大多数生态因子都相互影响。例如，温度升高加强蒸发，导致土壤缺水；温度过低冻结土壤水分，也阻碍植物吸水。有些因子直接作用于生物体，如日照、温度、水分等，称为直接因子；有些则通过直接因子而间接作用于生物体，如地面坡向、坡度常影响日照和土壤含水量等，称为间接因子。按照作用之直接与否，也可以把农村金融生态环境因子分为直接因子和间接因子。直接因子如金融从业人员素质、短期的金融政策、外部注资等。间接因子如产业因子、政府治理因子、规制因子、社会信用因子等。如图 5-1 所示，外圈为农村金融生态的宏观环境因子，即间接环境因子；内圈为直接因子，这些因子对主体产生直接影响。这里对农村金融生态环境因子的研究仅限于外围的宏观因素，即间接因子。

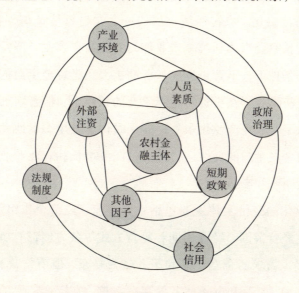

图 5-1 农村金融的直接和间接环境因子

第二节 产业因子

农业产业化通常指从农资供应如种子、肥料和农机等，到农产品、食品加工和食品供应等一系列农业生产者、食品加工企业和专业协会所组成的一个农产品产业链。中国的农业产业化面向国内外市场，以家庭联产承包经营作为基础，以龙头企业为纽带，以提高经济效益为核心。市场经济客观上要求农业改变小规模生产、分散经营的格局，通过实施农业产业化，将农户的生产与市场连接起来。

农业产业化水平提高与农村金融生态具有内在联系，二者辩证统一，互动发展。农业产业化水平提高、农村经济发展是农村金融生态建设的基础，而农村金融生态系统的良好运转又是促进农村金融发挥关键作用、农业产业化水平提高的关键。经济学界对不发达经济体的经济发展与金融发展之间的关系进行有效探讨的专家首推麦金农和肖，他们认为金融抑制是导致发展中国家经济落后的主要原因，有效的经济增长战略必须立足于实现金融市场的自由化。农村经济发展的一个大趋势是农业产业化。首先，农村经济的增长率会影响到第一产业部门的储蓄率，在经济发展稳定和经济结构合理的条件下，不管是资金来源的扩大还是资金供给的增加，都取决于现有的经济增长。在投资转化率不变的条件下，储蓄增长水平又决定了投资增长水平。农业产业化水平提高是农村金融生态良性发展的一个前提条件。农村金融生态的良性运转对农村经济增长和农业产业化水平的提升也具有重要贡献和影响。

农业产业化的经济主体主要包括龙头企业、经济合作组织、农户等，各经营主体在经营范围、经营周期和经营方式等各方面都有所区别，金融需求层次较多，需求的金融产品和服务较为复杂，既有常规存贷款服务，又对汇兑、咨询、结算和电子商务等存在需求。在资金需要的周期上，呈现出季节性和灵活性的特点。就农业产业化发展现状来看，当前中国农业产业化仍不发达，许多农业产业化项目还没有形成规模，无法测度投资的收益和风险。受此影响，金融机构出于风险考虑，对农业产业化的资金支持不足。图5-2分析了涉农贷款占各项贷款的比重变化。2010年年底，全国涉农贷款余额为11.77万亿元，占比23.1%，按可比口径同比增长28.9%。同时，我国农村经济发展水平、农业产业化水平在不同区域间存在较大差异，使得各地区农业产业化经营主体对金融服务的需求存在较大差异。

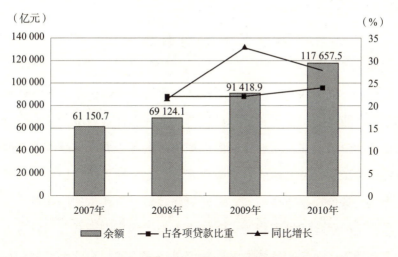

图5-2 涉农贷款占各项贷款比重趋势变化图

贷款是储蓄转化为投资的主要渠道，贷款总量的增长反映了金融对实体经济的支持力度在不断加大。从理论上说，农村贷款投入的规模越大，产出规模就越大，两者之间呈正相关关系。正规农村金融组织是农村金融市场的主体，其特点是规模大、业务标准化、专业化程度高，但灵活性不足，这与农村金融产品和服务需求规模小、灵活性高的情况不相适应。因此，需要妥善应对农业产业化经营主体多样化的需求。

农业产业化水平是影响农村金融生态的一个重要因素，农业产业化水平的高低直接决定了农村金融生态实现均衡的高度。而农村金融生态良性运转对提高农业产业化水平、实现农村经济平稳有序健康发展提供了重要的金融支撑。就现实情况来看，产权明晰、权责明确、结构合理的农村产业化经营主体的缺失是农村地区逐渐被金融边缘化的一个重要原因。因此，应重塑和培育农业产业化经营主体，提高农业生产率，优化农业产业结构，培育农村支柱产业和新的经济增长点，使农业产业化进程中形成的金融需求成为有效需求。同时，应逐渐完善金融结构，创新金融产品和服务，完善金融支农体系，最终形成农业产业化与农村金融生态间的良性循环机制。

第三节　政府治理因子

在市场经济条件下，政府不仅是权力和管理部门，更是综合性的服务部门，其职能定位和根本宗旨是提供公共产品和社会服务。政府作为一个能量巨大的市场主体，几乎渗透到市场经济的各个方面。政府对金融业的过度保护和干预，极大地削弱了金融系统的竞争性。国家信用担保机制对优胜劣汰的竞争规则造成破坏。政府对问题金融机构的兜底措施，也刺激了金融机构的冒险性投资行为。金融生态与自然生态一样，也具有自我调节能力和调节极限，一旦外力的影响超过或完全取代自我调节机制，金融生态就会失去平衡。

中国作为行政主导型国家，由于渐进式改革的特殊性，市场经济和计划经济、市场运作和政府干预在相当长的时期内并存。这在农村地方治理与农村金融市场发展方面突出表现为，地方政府在自身改革的不同阶段，利用农村金融改革中的漏洞，不断争夺农村金融资源：从初始的直接行政干预到对金融机构决策施加影响，再过渡到协助、纵容或默许辖区内骨干企业逃脱农村金融组织债务，间接争夺当地农村金融资源。同时，个别地方政府借助当地司法体系，纵容企业借转制之机逃废金融机构债务。许多地方政府过分重视向上级讨政策求优惠，忽视农村金融生态对于农村经济发展的重要性；过多考虑财税收入指标，较少考虑金融风险问题；在企业改制过程中强调税收、职工安置等社会问题，不落实金融机构债务，造成信贷资产的流失。相关调查显示，由于政府直接或间接行政干预形成的银行业不良资产占了不良资产总额的80%左右，严重影响了农村金融运行效率，阻碍了农村金融生态主体的健康发展。

为此，政府要加强与金融生态主体的紧密协作，营造农村经济金融良性互动、和谐发展的格局。首先，政府、金融部门要建立对称、畅通的信息交流机制。政府应采取不同方式向银行发布有关经济、社会信息，推荐优质项目，以使银行能够充分掌握真实情况并尽快对企业授信，缩短信息渠道不畅通所带来的时滞。另外，政府在制定相关经济发展计划和支持农村企业、产业发展的政策时，应咨询各金融生态主体的建议。其次，农村金融生态主体应主动加强与当地政府的联系和沟通。农村金融生态主体应树立全局视角，主动向当地政府汇报货币政策的实施情况、现存问题和解决措施，以获得当地政府和领导的理解和支持。同时，要配合当地政府做好农村经济的监督、引导和管理工作，积极提供经济形势、金融政策等信息咨询。

第四节 规制因子

金融法制建设的完善程度直接影响着农村金融生态环境的有序性、稳定性、平衡性和创新能力，决定了农村金融生态主体的发展空间。

规范农村金融活动的法律规章制度主要包括：（1）规范农村金融活动的制度。该类制度对农村金融活动做出了允许性和禁止性规定，明确了农村金融活动的法律边界。（2）规范金融生态主体行为的制度。该类制度对金融生态主体的经营行为进行了规定，明确了不同类型的金融主体所允许或禁止从事的金融活动，规定了各主体的权利和义务。（3）规范金融监督管理主体的制度。该类制度规范了金融监管当局的监管内容、监管原则，以及相应的惩罚规定。

法律法规的执行情况是一个更为重要的因素。单纯建立完善的法律法规制度并不能形成良好的法律环境，农村地区居民的法制意识还比较淡薄，逃债和拖欠贷款的情况时有发生，形成了较高的违约风险，有法不依的现象也较普遍。在经济转轨过程中，法治不健全与行政干预交织在一起，对金融生态带来破坏性影响。根据 2001—2002 年的一项抽样统计，近 80% 的国有银行不良资产的形成，与法律不健全、司法执法不力及行政干预等因素直接或间接相关。李杨对我国城市金融生态进行相对指数贡献弹性测评后认为，对金融生态影响最大的是司法公正。

由于立法滞后，目前我国尚未制定有关农业投资和金融发展的专门法律，农村经济发展所需的资金投入尚不能得到有效保障，农村金融发展缺乏良好的法制环境。首先，支持与保护农业投资的法律体系尚不完善。从法律层面来看，虽然《中华人民共和国农业法》（以下简称《农业法》）对农业投资有所规定，但其中的具体规范和制度内容仍比较抽象，缺乏实际可操作性，这也使农业发展基金投入缺乏应有的法律保障。从法规层面来看，许多地方政府根据《农业法》的原则性规定，制定了许多涉及农业投资的地方性法规，这些法规尽管对保障农业资金投入起到了一定的积极作用，但由于权威性较差，适用范围有限，对农业投资的法律保护作用相对有限。其次，农业金融机构发展也缺乏专门的法律规范。近年来，中国在金融立法上相继制定了《中华人民共和国人民银行法》《中华人民共和国商业银行法》《中华人民共和国银行业监督管理法》，但目前还没有一部法律对农村信用社的性质、内部治理结构、日常运营机制等进行明确界定，这也造成了当前农村信用社在"商业银行"和"合作金融"两种模式间定位不明，与规范意义上的合作金融机构在产权界定、服务范围、管理机制等方面存在相当大的差距。而世界上合作金融发展较好的国家，都从立法的角度对信用合作机构的性质、特征、机构设置、组织管理和监管等方面做了相应规定。此外，我国对政策性农村金融组织、民间金融机构也缺乏相应的法律规范。

从执法层面来看，当前农村金融债权存在的一个突出问题是农村金融案件的执结率较低。因此，需要在实际工作中根据执法工作的特殊性和规律性，促进农村金融执法工作的规范化建设，切实提高执结率；要健全完善执行管理体制，加强司法参与农村经济金融活动，强化主动监督功能；要建立司法部门和金融部门定期联系和沟通机制，充分听取金融部门的意见和建议。地方政府要尽快转变行政理念，兼顾涉案双方利益，消除司法干预和地方保护主义思想，支持司法公正，保障政府信用。在当前中国金融法律制度建设中，需要特别注意监管的作用，因为有效监管既是维持市场秩序的重要手段，同时也是提高市场效率的有力保证。同时，还需要进一步创新执行方法，提高执行效率；改变按执行标的额收费的办法，研究制定科学的收费标准，执行差别收费政策，有效降低农村金融债权案的诉讼费用。总之，需要从立法及相关配套制度和标准的制定、执法等方面，推进农村金融生态保护工作走向法制化、制度化和规范化的轨道。

第五节　社会信用因子

信用交易的产生和信用制度的建立促进了商品交易和金融市场的发展。社会信用是现代市场经济的基石，是金融业得以持续健康发展的关键。金融市场作为一个信用市场，信用体系的完善与否决定着金融市场交易成本的大小和运行效率的高低。在中国，国有银行依赖国家信用建立，由国家委托代理人经营。良好的农村金融生态信用体系作为一种社会惩戒机制，为社会交往提供了一种确定结构。它能够将各种与信用相关的社会力量和制度有机结合起来，共同促进信用的完善和发展，制约并惩罚失信行为，从而有利于保障农村金融秩序和农村经济的正常运行和健康发展。一个地区信用程度的高低，对当地投资环境有着至关重要的影响。信用体系建设滞后、缺乏对债务人履约的制约、企业诚信意识和公众金融风险意识淡薄、金融诈骗和逃废金融债权等现象，都会对金融安全产生威胁。只有通过加强和完善农村信用体系建设，真正发挥信用作为重要生产要素的应有作用，才能有效推进农村金融生态系统的良性运转。

中国信用体系建设起步较晚，现有的信用体系还是不能完全适应市场经济发展的要求。目前农村金融生态系统中，信用缺失已经成为普遍现象。金融机构间缺乏信息共享协调机制；借贷农户分布广、贷款额小，且会计、审计和信息披露的标准不高；农村企业的财务制度不健全；中介服务不规范，提供虚假资信证明，更有甚者协同贷款欺诈；农户和农村企业普遍缺乏可供变现的担保物，同时也缺乏专门的中介性担保机构为农户和农村企业贷款提供担保；农村金融产品和服务各需求方信用的或有缺失都使得金融机构征信成本提高，潜在地增加了其授信风险。信用缺失制约农村信贷资金的投放，造成中国农村金融产品和服务供给不足。这也是发展中国家的一个显著特点，金融市场发展不完善，资金需求量却很巨大，一个重要原因是没有健全信用体系。

首先，农村金融生态系统中，信息不对称现象严重。银行与客户间的信息不对称使银行处于劣势，金融机构间仍未形成规范的信用信息管理机制，使得一些借款人利用银行间信息不对称，钻银行信贷的空子，政府与金融机构间同样也存在信息不对称的问题。信息不对称使得农村金融组织与其他部门在交流时产生障碍。其次，农村金融交易主体产权不明晰，经济主体间的博弈行为突出，且易产生逆向选择和道德风险。最后，农村地区普遍缺乏贷款担保机制和相关贷款担保法规的制约。农村金融欺诈和逃废债务的现象时有发生，但这些赖债、逃债行为未受到应有的处罚，加上地方保护主义的庇护，多种因素复合作用助长了诚信的缺失，成为造成农村金融脆弱、农村金融生态劣化的催化剂。农村信用体系缺失加大了农村金融体系的信贷风险和资产处置成本，对农村金融生态系统的稳定性影响巨大。

第六章　农村金融生态调节机制

第一节　农村金融生态平衡的调节

一、农村金融生态平衡调节原则

在相对稳定的生态系统中，物种在种类和数量上保持相对稳定，具有能量的输入和输出相对平衡的特征，这种状态被称为生态平衡。如农村金融主体之间存在数量平衡和关系协调、农村金融主体与外部环境之间相互适应的状态、金融供求趋于平衡、金融效率较高、金融体系达到稳定，这种类似于自然生态系统平衡的状态被称为农村金融生态系统的平衡。

运用生态系统学的方法和成果可以发现，农村金融生态系统的平衡状态与自然生态系统极其相似，因而调节农村金融生态系统平衡所适用的原则与自然生态系统也颇为相同。

（一）动态原则

在自然生态系统中，生态系统总是随着时间而变化，并与周围环境及生态过程相联系。生物与生物、生物与环境之间的相互联系，使其在系统输入、输出过程中维持平衡。在自然条件下，生态系统总是自动向物种多样性、结构复杂化和功能完善化的方向演替。而农村金融生态系统平衡也存在这种动态性原则。对此，主要从以下几个方面理解：首先，金融生态系统平衡与自然生态系统类似，也遵循着从简单到复杂、从低级到高级的发展和演进过程。例如，农村金融的主体从民间借贷、高利贷等非正规金融，发展到信用功能更为完善的正规金融。其次，农村金融生态系统同样存在输入、输出过程。最后，农村金融生态系统的平衡应为相互协调和适应，不仅仅是某个时点上的农村金融供给与需求的相等，而是一个时间上的动态过程，只有动态的系统均衡才是真正的农村金融生态系统平衡。

（二）竞争与优胜劣汰原则

竞争是指物种间为了争夺空间和资源而产生的直接或间接抑制对方的现象。物种竞争的最终结果促进了物种间的优胜劣汰，一方取胜，而另一方受到抑制甚至被消灭。农村金融生态的结构也是从竞争中形成的，竞争的最主要结果就是实现优胜劣汰。任何破坏了优胜劣汰的竞争规则的调节都会使农村金融生态系统陷入停滞。构建农村金融生态，要遵循优胜劣汰的竞争法则。

（三）适应性原则

一个平衡的自然生态系统，必然是与周围的环境、光热等自然因素相适应的结果，同样，一个平衡的农村金融生态也是在一定政治、经济、文化、法制环境下形成的，具有鲜明的制度结构特征。因此，调节农村金融生态平衡必须要与该金融生态系统所处的政治、经济、文化环境相适应。如前文所述，农村金融生态系统的平衡可以理解为农村金融系统的功能结构与经济社会的功能要求之间的适应，是它们之间经过长期的相互作用和适应调整所形成的具有相对稳定的结构秩序。因此，对于农村金融生态系统的调节，就是要使其功能与农村对金融的发展要求相适应。

（四）自我调节原则

自然生态系统具有一定的自调节能力，而农村金融生态系统也是一个具有自我调节功能的体系。主要的调节方式有利率、破产与自律。利率可以调节资金的供求；破产可以调节金融机构的数量、规模，并优化结构，提高金融组织的自律和内控水平；同行业自律有助于防止生态竞争中的盲目行为和恶性倾向，增强生态的适应性和稳定性。但农村金融生态的自调节能力是有限度的。外力的影响一旦超过限度，就会破坏金融生态的平衡。人为地限制某种金融种类的发展，会影响农村金融生态链的形成。例如，限制资金互助合作社等非正规金融的发展将严重恶化竞争环境，对利率的管制会恶化资金的优化配置。因此，对农村金融生态平衡的调节要遵从金融规律，在金融生态的自调限度内进行。

（五）多样并有序原则

自然生态系统结构的复杂性和多样性对生态系统是极为重要的，它是生态系统适应环境变化的基础，也是生态系统稳定和功能优化的基础。维护生物多样性也是生态系统平衡调节中必不可少的部分。

金融生态系统也具有多样性的特征，整个金融生态系统中存在各种不同的参与者与金融产品。金融生态系统是一个有序的状态，并不是杂乱无章的。这种有序状态具有相对的稳定性。在自然演进的农村金融生态系统中，不论是金融的主体结构，还是金融的业务结构和关系结构，都应该是一个有序的分工结构。这就像自然界的生物与环境以及生物之间的食物链关系一样，彼此之间是复杂并有序的。

（六）分层级的整体性原则

农村金融生态系统同自然生态系统一样，不仅存在层次性，还满足整体性特征。整体性是指系统的有机整体，其存在的方式、目标、功能都表现出统一的整体性。任何一个生态系统都是多个成分结合而成的统一体。这个系统不再是结合前各自分散的状态，而是发生了根本的变化，成为一个整体。生态系统的整体性越强，就越像一个无结构的整体。农村金融生态系统虽然分为不同层次，但只有从整体的角度调节系统内各层次的关系，才能维持其平衡。

二、农村金融生态调节机制

在生态系统学中，著名的"Gaia 假说"认为，地球表面的温度和化学组成是受地球上生物总体的生命活动主动调节的，并保持着动态的平衡。而这种平衡状态是由其自我调节来实现的，并借助自我调节过程，各个成分都能使自己适应于物质和能量输入和输出的任何变化。

生态系统中的调节通常被称为反馈现象。所谓反馈，就是当生态系统中的某一成分发生变化时，它必然引起其他成分出现一系列的变化，这些变化最终又反过来影响最初发生变化的那种成分。反馈有两种类型，负反馈和正反馈。负反馈是常见的反馈，它的作用就是能够使生态系统在达到平衡状态后保持平衡或稳态，其结果是抑制或减弱最初发生变化的那种成分所发生的变化。另一种反馈叫正反馈，其作用机理与效果正好相反。

在农村金融生态系统里，同样存在类似于自然生态系统的 Gaia 假说，可以称为"类 Gaia 假说"，即农村金融生态系统的平衡也主要是由系统里的各经济体的主动活动所调节，这种调节也是以自我调节为主。在这种自我调节的过程中，各种金融主体采取以下方式实施调节，主要包括农村经济发展、竞争机制，以及对物质流、信息流、能量流的调节。

（一）经济发展的生态平衡调节

农村经济发展是促进农村金融生态系统平衡的根本手段，农村金融生态系统平衡的最终目的也是农村经济的持续发展，二者形成一个闭合的回路。从图 6-1 中可以看到农村经济发展与农村金融生态的相互影响，所有的反馈环均为正反馈。正反馈具有自我强化的效果，其作用就是使农村金融生态系统达到平衡或稳定状态。

从图 6-1 中挑选一个回路进行分析，如图 6-2 所示，表明当一个农村地区具有较高的经济发展水平时，即有较强的经济基础支持一定的教育投资，增强当地的教育水平。教育是提高人口素质的必要条件，人口素质的提高能够提高人们的金融信用意识，同样有助于形成良好的社会诚信文化，从而降低违约成本，提高金融资产的质量，最终促进农村金融生态系统达到平衡状态。

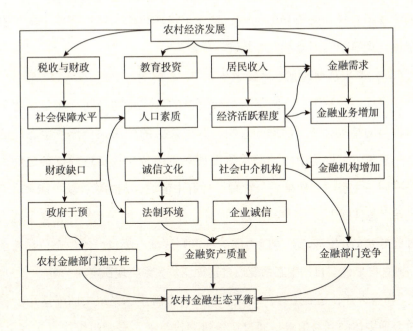

图6-1 农村金融生态系统因果关系图

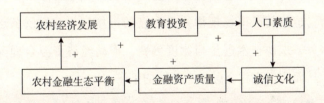

图6-2 农村金融生态系统与农村经济发展关系的一个回路

　　制度经济学认为，技术进步与制度创新是推动经济发展的内在动力，因而二者也是农村金融生态系统平衡的调节手段。例如，计算机和网络在农村地区的普及使得金融信息的传播速度和处理能力成倍提高，大大降低了金融业的交易成本，直接促进了金融创新，推动了农村金融生态主体的增加，进而优化了金融生态系统的竞争环境，有利于金融生态系统的平衡。制度与技术进步交互作用使新的组织模式、市场规则、法律条文得以诞生。如农民经济合作组织、资金互助合作社等新型农民组织的出现，以及中央银行对农村小额信贷的支持，都推动金融生态进入一个新的阶段。新制度创新改变了农村金融市场的面貌，扩大了市场供给与需求，使金融生态主体能够在竞争中实现金融生态系统的平衡。

（二）竞争机制的生态平衡调节

在自然生态系统中，调节平衡最重要的方式是物种间的竞争。竞争对一个群落的结构会产生深刻的影响，其中最大的作用是会导致生态位的分化。一般来说，群落中的种间竞争出现在生态位比较接近的物种之间，它们占有同一生态位。如果一个物种从种群中消失，别的物种就可能来取而代之。在生态种群中，当种群密度增加时，种群内部的关系恶化，竞争能力强的种群得以充分发展，竞争能力弱的种群则逐渐缩小自己的生态位，甚至被排挤到种群之外。自然生态系统通过这种竞争关系实现稳定和平衡。

"物竞天择，适者生存"的法则在农村金融生态系统中同样适用。各个农村金融主体的利益追求是通过竞争机制进行的。金融组织能否实现价值，能否获得利润，都取决于它在竞争中能否成功。竞争的激励功能给金融主体带来压力，迫使其以市场规律约束自己的市场行为，提供满足市场需求的产品和服务，重视技术进步与制度创新，推动经济资源合理配置和产业结构优化，从而实现农村金融生态系统的平衡。

根据生态学理论，在有限资源约束下，种群连续增长的最简单形式是逻辑斯蒂增长。在一个有限的环境空间，种群密度的增加将加剧对有限资源的争夺竞争，从而影响到种群的出生数量和死亡数量，进而影响种群实际增长数量，直到种群停止增长，如图6-3所示。

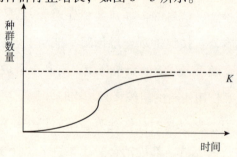

图6-3　资源约束下的种群S型增长曲线

在农村金融生态系统中，竞争通过控制金融种群密度来实现调节作用。金融密度是金融组织的数量、种类及规模的概称。金融环境适宜，金融密度就大；相反，金融密度就小。金融密度与金融组织的出生率和死亡率之间存在高度相关。一般地，金融密度与金融组织的出生率成正比，与金融组织的死亡率成反比。一个地区的金融密度的大小，取决于影响金融组织出生率与死亡率的各种因素，凡是能够影响金融组织出生率和死亡率的因素，都会对金融密度产生影响（见图6-4）。

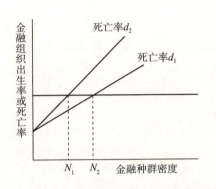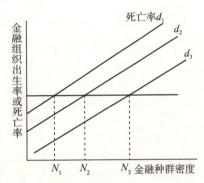

图6-4　农村金融生态系统种群数量的自然调节

竞争的调节作用还可以从金融价格方面得到解释。如图6-5所示，如果金融价格（利率）高于平均成本曲线的最低点，金融组织就会获得利润，就会有金融组织进入金融市场。其前提条件是：金融市场上允许存在竞争，没有形成垄断和进入壁垒，所有合法经济主体都有进入的可能。随着金融价格的上升，金融组织不断地进入市场，最终达到最优的密度。

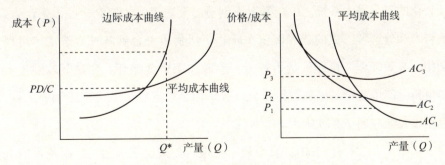

图6-5　竞争对农村金融生态系统中价格的影响过程

（三）物质流、能量流、信息流的调节

宇宙中存在两类系统：一类是封闭系统，系统与环境之间不存在物质和能量的交换；另一类是开放系统，系统和环境之间存在物质和能量的交换。自然界所有的系统都是开放系统，都存在物质循环、能量流动和信息传递。其中，物质流是循环的，能量流是单方向的，多种信息流则构成了信息网。在农村金融生态系统中，对应的三种流动分别为货币循环、信用流动和信息传递。

农村金融生态系统也是一个开放系统，与外部环境（ELT），即产业环境（E）、规制环境（L）、信用环境（T）等进行物质交换（见图6-6）。农村金融生态系统与外部环境进行的物质交换，是直接通过金融市场（包括货币市场、资本市场等）进行的。

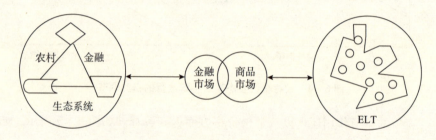

图6-6　农村金融生态系统与外部环境的物质交换

在自然生态系统中，物质沿着食物链中的营养级依次转化并无限循环；在金融生态系统中，物质循环表现为货币循环。首先，经济中的货币资金及物化的资金进入系统。以金融组织创造的金融工具为媒介，经由生产者、消费者和分解者组成的营养级依次转化，从货币资金到各种生态主体可以利用的有效资金，再回到货币资金，形成一个资金循环。金融资源的生产者也不是简单地把基础货币转化为资金，而是以存款准备金率为调控工具，利用乘数效应创造存款货币。

从图6-7中可以看出，货币从中央银行创造出来以后，流向货币的直接消费者，主要包括中国农业银行、金融市场及非银行金融机构等农村金

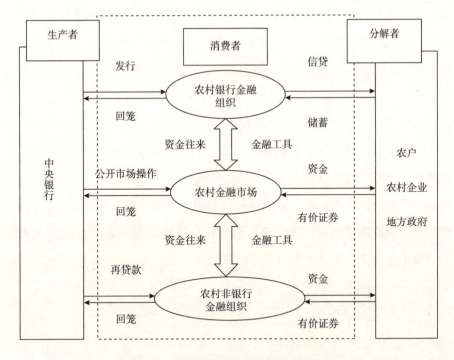

图 6-7 农村金融生态系统货币循环模型

融组织，主要方式有再贷款、公开市场操作等。而金融机构等将货币传递给最后使用者，如农户、农村企业、地方政府等，主要以贷款或有价证券的形式实现。同时，最后使用者会将货币再次存入银行等金融机构，而中央银行以公开市场操作等方式回笼资金。这样，货币资金在农村金融生态系统中形成一个闭合的循环。

自然生态系统中，能量在食物链中传递形成能量流。与物质的循环运动不同的是，能量流是单向的，它从植物光合作用开始，通过食物链逐级传递，直至食物链的最后一环。在每一环的能量转移过程中都有一部分能量被有机体用来推动自身的生命活动，随后变为热能耗散在环境中。而推动金融生态系统货币循环的动力是信用在资金链中的传递，即信用流。与能量流不同的是，信用流是双向的，它从中央银行制造货币开始，通过资金链逐级传递，直至资金链的最后一环。任何一方的信用缺失都不可能达成现实的金融交易和实现资金的流动。单个主体的信用流动不是纵贯全程的，而是区间性的，是通过相关主体的"信用对接"推动资金的连续循环。因此，可以通过调节各个参与主体的信用行为和信用习惯，使信用流动通畅，保证金融正常运转。

从图6-8中可以看出，在信用流的过程中都是双向的。信用从中央银行创造出来以后，伴随着资金的流动，传向农村金融生态系统的主要机构——中国农业银行和农村信用社，而农村地区的资金互助社则从中国农业银行及农村信用社获得贷款，因而信用从此二处流向资金互助社，最后均流向资金的需求者。在贷款的同时，政府和一些中介机构，如担保公司，经常会为贷款提供担保，因而政府和中介机构也参与到农村金融生态系统的信用循环中来，主要的参与方式就是担保。

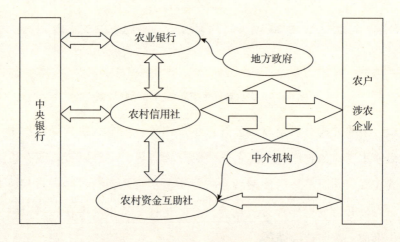

图6-8 农村金融生态系统信用流模型

生态系统中的有序运动是借助信息传递来进行和完成的。金融生态的运动过程中同样充满了信息传递。信息能给人们提供事物存在的方式或运动状态，从而通过引导信用流动来实现资金的有序循环。与货币循环和信用流动相同，农村金融生态的运行就是一个信息交换和调整的过程，通过各主体对信息的反馈来实现资源的合理分配。为了调节农村金融生态系统的平衡，就要尽量简化信息传递过程中的复杂程序，降低运行成本，健全信息中介服务体系，搭建联系农村金融生态各主体之间的信息网络。这样就可以促进农村金融生态的自我调节，还能有效降低信息不对称所引发的信用能量在流转中的衰减效应。

第二节　农村金融生态失衡问题

一、农村金融生态内在调节失衡

金融生态系统的内在调节机制强调的是自我调节与自我恢复，是一种自生性的、自发的调节方式。金融生态系统的内在调节机制存在的前提是自由市场经济制度的建立，而由于金融市场的不开放性，我国农村金融系统缺乏这种内在调节功能，即我国农村金融体系的存在属于非"内生性"状态，并不是金融运行的自然结果。

经济运行中的内在调节主要依靠价格机制、竞争机制和由其产生的优胜劣汰效应来完成。其中，价格机制的作用在于均衡经济环境，而竞争机制的作用在于优化和净化经济环境。价格机制在金融运行中具体表现为利率机制。农村信用社是我国农村金融的主导力量，率先实现存贷款利率市场化是中央银行的既定方针，一般应该认为农村金融体系的利率调节机制将更加灵活。然而现实状况是农村信用社不良贷款数额较大、内部控制和激励机制不健全，在这种条件下率先实现利率市场化将产生利率风险突出、支付风险暴露等问题，可能造成一批农村信用社倒闭。另外，中国农业银行发放的扶贫贷款利率较低，会导致信贷资金被"挤出"农村金融。而存在于农村地区的非正规金融和民间金融，由于缺乏利率市场化的相对优势，也在竞争中处于劣势地位，面临被排挤出农村金融市场的威胁。竞争机制主要表现为退出机制的建立。我国的农村金融市场始终缺乏建立完善的退出机制，即使资产质量低下、盈利能力不足也不会面临破产危险，政府和中央银行将承担起最后拯救者的职能。没有建立完善的退出机制，则有序竞争无从谈起，优胜劣汰也无法真正实现。

（1）对金融业的过度保护和管制，严重地削弱了竞争机制对农村金融生态的调节作用。在农村金融领域，利率可以调节资金的供求总量、结构及其去向；破产、重组、并购等手段可以调节农村金融组织的总量、规模大小，并优化组织结构，强化机构功能，提高金融组织的内控水平，推动新的金融组织、金融服务、金融产品品种的创新，催生新的金融物种。行业自律组织也是农村金融生态中一种重要的自调节机制，有助于防止竞争中的恶性倾向和盲目行为，增强金融生态系统的稳定性和适应性。但是，我国目前的金融体制基本处于垄断状态，利率市场化改革远未完成，业绩考核激励和约束机制缺乏，这制约了我国农村金融在业务创新、资产质量、经营效益等方面的进一步发展。过度的金融保护政策对竞争规则造成破坏，财政援助、无偿注资、不良资产剥离、机构重组等拯救措施使金融机构的道德风险和逆向选择行为加大。此外，金融监督管理制度和手段不完善，缺乏有效的激励约束机制；非正规金融机构受到过度抑制，使农村金融市场缺少足够和有效的竞争者，农村金融主体地位的不平等状况加剧。麦金农曾指出，在经济转型的背景下，金融制度供给市场为政府所垄断，而政府又有对满足其偏好的金融制度的强烈需求，政府就会按其需求进行金融制度供给设计，这是金融发展中的关键变量。这个结论符合我国农村金融制度变迁的实际，由政府主导进行农村金融制度变迁，没有建立一个良性发展的农村金融体系，反而降低了农村金融生态系统的调节能力。

（2）通过国家信用进行担保的机制破坏了金融生态竞争规则。优胜劣汰的竞争机制是维持自然界生态平衡的首要规则。生物物种的诞生、发展、衰退和消亡有其一定的内在规律性，农村金融组织的进入和退出也同样应遵循一定的生态规律。在我国的农村金融生态中，国家在金融组织的进入和退出方面实行不对等的制度，使得金融组织一旦准入则难以退出。农村金融组织出现问题时会通过国家信用进行担保和拯救，经营管理不善甚至严重资不抵债的农村金融组织无法退出农村金融市场。金融生态体系与自然生态系统一样是一个具有自我调节功能的体系，而自我调节能力是有限的，当外力的影响超越其自愈能力或完全取代金融生态的自我调节机制，金融生态就会失去平衡。我国的农村金融生态系统由于过多的不适当干预，自我调节机制受到不同程度的破坏。

二、农村金融生态外部调节失衡

因为中国农村金融的发展并非"内生性"的自然结果，而是在总体赶超战略中由行政力量人为推动的，这是欠发达国家发展的必由之路。在发达国家，制度变迁一般遵循"诱致性"原则，其法律体系、政府制度等均源自市场的自发要求，而非强由政府强加给市场。因此，发达国家的金融发展中外部调节的变迁是在内部调节不足时产生的自发要求，体现了内外部调节的一致性。中国作为后发国家，在赶超战略下采取的是政府推动且主导的经济发展战略，实行"强制性制度变迁"。这导致在金融生态中，内部调节受到外部调节的影响，如果金融生态的外部调节功能失效，那么整个金融生态系统的调节也会失效。我国农村金融生态系统外部调节的失衡主要表现在以下方面。

（1）经济金融法规不健全，道德风险增大。目前，我国还没有制定金融机构破产法，为维护社会稳定，保护金融投资者利益，金融监管当局被迫对有问题的金融机构采取救助措施，由国家出钱为金融机构埋单，其中暴露出一定的道德风险。由于法律治理的缺失，农村金融组织的经营、发展主要依靠行政扶持。一是农村金融法规建设欠缺，客观上导致对农村金融组织的"扶持"多于"法治"；二是行政力量在农村地区金融债权维护过程中的作用强于法制力量。

（2）农村征信体系缺失，导致信用功能失衡。征信体系的缺失主要表现在：一是缺乏有效的信用管理制度。缺乏完善的信用登记制度、评估制度、信用风险预警制度等，增加了金融机构的授信风险。二是缺乏有效的失信惩罚机制。守信者得不到切实的保护，失信者也不能得到应有惩罚，以及打击欠赖账行为不力等，也导致农村金融债权不能得到有效保护，从

而损害了债权人权益，危害了农村金融生态环境。三是国家信用担保机制破坏了金融生态中优胜劣汰的竞争规则。四是社会信用环境较差。农村金融组织难以查实和评判债务人信用状况，对债权人合法利益的保护力度不够，披露市场信息不够充分，从而影响了农村金融生态系统的稳定运行。

（3）农村金融系统的风险控制能力较低。由于市县一级基层人民银行职能调整，所掌握和运用的调控手段受到较大限制。银行业监管机构对农村金融监管的重点在于金融机构是否合规经营，对农村金融组织及其外部因素的协调考虑甚少。我国对农村金融的监管只是一种权力监管，即行政命令式的监管，一般是由金融监管机构直接对金融机构发布命令，限定金融机构的设立标准、业务范围、资本充足率甚至利率确定等具体业务经营活动。权力监管的特点是金融监管当局注重政府赋予其的金融监管权力，而忽视监管的技术合理性。

第三节　农村金融生态失衡的治理

一、实现自我调节机制

我国农村金融生态系统自我调节机制的失衡，主要原因是政府管制错位，主要表现在管理过度、抑制市场竞争方面。

对此，要推动农村金融商品价格的市场化改革。自由竞争的核心标志之一就是价格自主权。虽然目前全国金融机构在基准基础上执行浮动利率，但是这种改革只是利率管制程度的放松，并不是实行市场利率。这种浮动利率使金融机构在选择贷款对象时有了更大的自由度，但是民间借贷利率与正规金融机构利率之间的较大利差表明，浮动利率并没有反映真实的金融市场供求关系。在农村地区，金融商品价格（主要是利率）的市场化要作为培育村镇银行等新型小额金融机构的配套机制同时进行。2006 年，MIX Market 对全球 1200 个小额金融机构的效率、资产、组合质量等进行了调查，发现成功的小额金融机构具有一个共同的特点，就是可以根据市场供求关系和成本状况确定利率（即贷款价格）。目前农村生产和生活对金融的主要需求是小额信贷，其分散性、小规模、低素质的特征决定了这是一类交易成本和违约成本较高的金融业务，按照商业银行经营"利率有效覆盖成本"的一般原则，没有高利率做保障，小额金融机构就不可能有可持续性。国际上成功的小额金融机构由于有自己定价的主动权，能够确保利率有效覆盖成本，并适当盈利。同时，高利率能够吸引更多的储蓄和投资，为小额金融服务提供可持续的资金支持。因此，发展新型农村金融组织，促进我国农村金融体系的多元化，最关键的经验是利率市场化，就是政府要允许从事农村金融特别是小额贷款的金融机构根据风险和成本状况实行相对较高的利率。如果把新型农村金融组织强制性地纳入目前的利率体系，则这种农村金融体系是不可持续的。

农村民间金融组织是在金融生态系统的自我调节中产生的，它在一定程度上弥补了农村正规金融的制度缺陷，部分缓解了农村资金矛盾，使农村金融主体与环境回归动态平衡。但是，我国政府对农村民间金融的管制过度严格，抑制民间金融组织的产生，使农村金融生态的动态平衡受到破坏。政府管制越严，农村地下金融就越活跃，农村的金融市场秩序就会越混乱，农村金融服务效率也就越低。因此，应从政策上、法律上、制度安排上放开和规范农村民间金融的市场准入，保持农村金融生态系统的自调节能力；拓宽农村融资渠道，拓展农村金融组织的业务功能，在适当条件下鼓励发展承兑、贴现等票据融资业务，办理以提供民间融资为主的贷款业务等。同时，要加强金融机构的内部基础设施建设，排除基层农村金融营业网点与现代化支付系统连接的技术障碍；重点推进农村金融组织资金清算系统建设，解决农村资金划转、汇兑困难的问题。

二、完善外部调节机制

我国农村金融生态系统的外部调节主要解决相关法律不完善、信用体系不健全、金融监管不适度等问题。

（一）法律规范的调节

法律规范是金融生态系统正常运转的制度性保障。我国农村金融生态体系缺乏退出机制，造成缺乏充分法人市场竞争。对此，应尽快出台金融机构破产法，以保护金融机构债权人利益，督促金融机构稳健经营，有效引导配置金融资源，促进金融资金良性循环；要在市场原则基础上实现金融机构破产，破产的成本要由失败金融机构的股东及其相关利益人承担；可以结合《中华人民共和国物权法》（以下简称《物权法》）和《中华人民共和国担保法》（以下简称《担保法》），探讨农作物动产抵押贷款问题，稳步推出农村土地使用权抵押贷款；要不断健全相关的合同、产权等关系到金融生态系统正常运行的法律体系。

同时，政府应保证执法的公平公正性，提高司法效率，为维护金融债权提供良好的法治环境。一是要将当地社会的均衡发展状况，如公共设施、公共服务水平、市场秩序和制度建设、公共环境等纳入地方政府行政能力考核，建立科学、公正、合理的政府绩效评价制度。二是通过制定一系列的法律标准、行政标准和业务标准等，判断和考核区域经济活动的合法性和有效性，并据此对地方政府进行监督与约束。三是地方政府应建立信息平台，征集可资运用的信用信息，运用金融机构提供的信息指导地方经济工作，提高信息利用率。

（二）信用环境的调节

一是营造重信用、讲诚信的社会风气，建立以道德为支柱、法律为保障的社会信用制度。二是政府可以设立信用担保基金，由财政、企业、农户出资，发展农村互助担保组织，建立区域性信用再担保机构。三是完善农村地区企业和个人征信系统建设，提高防范信用风险的技术能力；建立完备的农户信用档案，严格审查农村投资主体的资信，规范发展农村现有各类专业担保基金和担保组织。此外，还应制定适合我国国情的审计、会计、信息披露标准，健全和完善统一的会计核算制度，确保金融机构会计反映的真实性和全面性，及时对金融机构的风险情况进行预警。

（三）金融监管调节：一个博弈模型

金融监管的目标在于实现农村金融稳健，遏制农村金融组织的违规行为，在规制约束下实现农村金融生态的相对平衡。实施金融监管，关键在于监管适度，避免严格的金融监管导致的金融抑制或放松监管形成的监管失控。金融监管是否适度，可以从监管当局与农村金融组织之间的博弈中得到解释。这里，以当前作为农村金融市场最主要的供方主体的农村信用社与金融监管机构之间的博弈为例，讨论金融监管的适度调节。

假设农村信用社选择守规经营或违规经营，把金融监管机构的监管行为作为一项考虑因素。金融监管机构在决定是否对农村信用社实施监管时，也要考虑金融监管成本、上级监管机构的考评和放松监管带来的收益等因素。据此可以认为金融监管机构与农村信用社双方存在博弈行为，从而构造博弈模型。

1. 模型描述

（1）博弈假设及支付。假设博弈双方的信息是完全的，并且双方同时决策，博弈模型是完全信息静态模型。博弈一方为金融监管机构，进行监管要支付监管成本（c），并可对违规者进行处罚（f）；放松监管可获得闲暇等收益（m）；如果所辖范围内农信社违规现象严重，则会受到上级的处罚（$-g$）。由于监管成本（c）的存在，金融监管机构对于特定的农村信用社，只有两种可供选择的策略：实施监管和放松监管。博弈另一方为农村信用社，对每个农村信用社而言，也只有两种策略可供选择：守规经营和违规经营。农村信用社的管理者选择守规经营时，不能获得超额收益；但是长期守规经营可受到金融监管机构的表彰，获得守规经营收益（s）。如果违规经营未被金融监管机构查处，其则会获得超额收益（n）；一旦违规行为被查处，其将受到金融监管机构的处罚（$-f$）。

（2）博弈双方的策略选择和收益。博弈双方的收益矩阵如下（n、f、c、g、m、s 均 >0）。

农村信用社

	守规经营	违规经营
实施监管	$-c,\ s$	$f-c,\ -f$
放松监管	$m,\ 0$	$-g,\ n$

金融监管机构（位于"实施监管"与"放松监管"左侧）

图6-9　博弈双方的收益矩阵

博弈双方共有四种策略组合：

A. ｛实施监管，守规经营｝的策略组合。金融监管机构的收益为$-c$，即需要付出监管成本c；这时农村信用社的收益为s，即农村信用社因在长期接受金融监管机构的检查中始终守规经营而受到表彰获得的收益。

B. ｛实施监管，违规经营｝的策略组合。金融监管机构的收益为$f-c$，f是金融监管机构查处农村信用社的违规经营行为所得到的罚金收益，c为监管成本。而农村信用社的收益为$-f$，即违规处罚，指农村信用社因违规经营被查处所受到的处罚。

C. ｛放松监管，守规经营｝的策略组合。金融监管机构的收益为m，m表示放松收益，指农村信用社不违规的情况下，金融监管机构因不需要监管所得到的放松收益，如金融监管机构获得更多的闲暇时间等。此时，农村信用社的守规收益则为0，即没有通过违规经营获得高于正常利润的超额利润。

D. ｛放松监管，违规经营｝的策略组合。金融监管机构的收益为$-g$，g是指由于所辖农村信用社发生违规现象，金融监管机构将受到上级的处罚，会直接影响金融监管人员的晋升与评优。从官僚政治角度考虑，金融监管机构显然更注重上级的考核；从金融监管机构立场比较c、g两者的效用，通常$g>c$。这时，农村信用社的收益为n，即农村信用社因违规行为未被发现而获得的超额收益。

基于"理性人"的假设，金融监管机构和农村信用社都会试图做出对自己最有利的策略选择。当农村信用社选择"守规经营"时，金融监管机构的最优选择是"放松监管"。对农村信用社而言，如果能够确定将受到监管，选择违规经营带来的成本大于守规经营得到的收益，此时就应选择守规经营；而当监管放松时，则农村信用社出于利润动机会选择违规经营。反之，当农村信用社选择违规经营的策略时，对于金融监管机构来说，有实施监管与放松监管两种策略，当金融监管机构选择实施监管时需要付出监管成本 c，选择放松监管则要遭受上级处罚 g，由于 $g > c$，金融监管机构会选择有利于自己的策略——实施监管。现实中，由于金融监管机构数量与农村信用社数量比例悬殊，金融监管机构在短期内很难重复监管同一农村信用社，因此这个博弈可视为静态的、非重复的。而在不了解对方所做策略的前提下，金融监管机构与农村信用社的策略选择只能是随机地分布在两种策略之间。因此，该博弈就演化成混合策略的纳什均衡问题。

2. 模型求解过程

金融监管机构按照概率对农村信用社实施监管，记实施监管的概率为：

$$p \ (0 \leqslant p \leqslant 1)$$

不监管的概率为： $1 - p$

记任一农村信用社选择违规经营的概率为：

$$q(0 \leqslant q \leqslant 1)$$

选择守规经营的概率为： $1 - q$

（a）可以得到金融监管机构的期望效用函数为：

$$U = p[-c(1-q) + (f-c)q] + (1-p)[m(1-q) - gq]$$
$$= p[(f+m+g)q - (m+c)] + [m - (m+g)q]$$

对上述效用函数求 p 的偏导，得到金融监管机构最优化的一阶条件为：

$$U' = (f+m+g)q - (m+c) = 0$$

求解可得均衡违规概率：

$$q^* = (m+c)/(f+m+g)$$
$$1 - q^* = (f+g-c)/(f+m+g)$$

结果表明，在均衡状态下农村信用社以 $(m+c)/(f+m+g)$ 的概率违规经营，以 $(f+g-c)/(f+m+g)$ 的概率守规经营。

（b）同样，可得到农村信用社的期望收益函数为：

$$V = q[-fp+n(1-p)] + (1-q)[sp+0(1-p)]$$
$$= q[n-(n+f+s)p] + sp$$

对上述收益函数求 q 的偏导，得到农村信用社最优化的一阶条件为：

$$V' = n-(n+f+s)p = 0$$

解得均衡监管概率：

$$p^* = n/(n+f+s)$$
$$1-p^* = (f+s)/(n+f+s)$$

结果表明，在均衡状态下金融监管机构对 $n/(n+f+s)$ 概率的农村信用社实施监管，对 $(f+s)/(n+f+s)$ 概率的农村信用社放松监管。

（c）均衡结果的解释。

假定金融监管机构认为农村信用社违规的概率大于 q^*，则其最优选择是加大监管力度，这将使农村信用社加强自身约束，从而会减少违规行为；当农信社经营秩序好转后，金融监管机构出于成本考虑又会放松监管，从而会导致违规现象又有所抬头，在此情况下，金融监管机构又不得不再次实施监管，如此反复。所以，$q>q^*$ 不构成纳什均衡。同理，$q<q^*$ 也不构成纳什均衡。因此，农村信用社违规概率最终会停留在 q^* 的水平上。假定农村信用社认为金融监管机构实施监管的概率严格小于 p^*，则其最优选择是违规经营以获取超额收益，这将迫使金融监管机构强化监管，加大惩罚的措施，随着违规现象得到收敛，金融监管机构也会放松监管，违规者又会认为有机可乘而再次违规，如此反复。所以，$p<p^*$ 不构成纳什均衡。反之，$p>p^*$ 也不构成纳什均衡。因此，金融监管机构的监管概率最终会停留在 p^* 上。根据上述求解，当 $p=p^*$ 和 $q=q^*$，即金融监管机构监管农村信用社的概率为 $n/(n+f+s)$，而农村信用社的违规概率为 $(m+c)/(f+m+g)$ 时，金融监管机构的监管与农村信用社的违规经营之间实现了纳什均衡。

3. 模型的实践意义

金融监管机构首先应采取措施降低均衡违规概率 q^*, $q^* = (m + c)/(f + m + g)$, 它取决于 c、f、g、m 四个要素。监管成本 c 越低, 对农村信用社的违规处罚 f 越大, 上级考核 g 越严, 放松收益 m 越小, 将使金融监管机构增强监管, 以抑制农村信用社的违规行为, 从而降低 q^* 的值。同时, 由于实施监管的范围有限, 即金融监管机构很难同时对所有农村信用社进行检查, 因此, 出于提高监管效果的考虑, 应力争降低均衡监管概率 p^*, $p^* = n/(n + f + s)$, 它取决于 f、n、s 三个要素。从前式可知, 违规处罚 f 越重、超额收益 n 越少、守规收益 s 越大, 都将削弱管理者的违规动机, 为金融监管机构放松监管创造有利条件, 从而降低 p^*。

第七章　农村金融生态评价

第一节　金融生态评价方法综述

国内学者对金融生态的评价问题开展了广泛研究。研究的基本思路是：根据不同的研究目的和研究对象，建立适当的评价指标体系，再为全部指标（或部分指标）赋予权重，从而得出被评价地区的金融生态综合评价结果；通过对评价结果进行静态或动态对比、横向或纵向对比，发现金融生态中存在的问题，提出优化区域金融生态的对策建议。

一、金融生态评价指标体系

一个完整的评价指标体系，可以分为三个层次：目标层、准则层和指标层。目标层又可以分为总目标和子目标。总目标一般确定为金融生态的改善；子目标则涵盖金融生态的多个方面，如经济水平、法治建设、信用环境优化等。准则层包括构成金融生态体系的各要素，如在信用环境中分解成社会信用体系、政府信用、企业信用和中介机构信用的建设等。指标层包含准则层下的具体评价指标，是对准则层的量化。金融生态评价指标体系的基本结构如图 7-1 所示，其中子目标、评判准则与具体指标的选取根据研究需要内容各异。

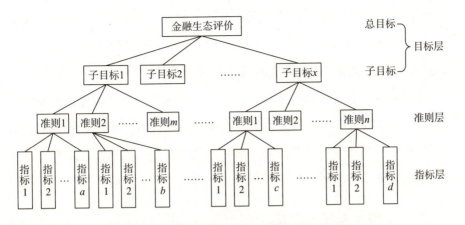

图 7 - 1　金融生态评价指标体系的基本结构

中国社会科学院金融研究所《中国城市金融生态环境评价 2005》是金融生态评价方面起步较早的研究成果，该报告以城市为基本分析对象，围绕 9 个子目标建立了金融生态评价指标体系，涉及经济基础、企业诚信、地方金融发展、法治环境、诚信文化、社会中介发展、社会保障程度、地方政府公共服务及金融部门独立性方面的因素。其后的很多研究都以此为基础，将这 9 个子目标下的各项指标进行简化、整合，重新分为社会经济发展水平、金融资源水平、信用环境和制度环境等因素，子目标个数一般在 3 ~ 5 个。这是金融研究所课题组在后续研究中的基本思路，也得到其他研究者的广泛认同。

出于不同的研究目的和认识的差异，部分研究者也提出了具有不同特色的评价指标体系。徐小林把经济资本回报率作为指标体系的核心，进而分解为利润与经济资本两个因子，再从法律、社会信用和政策层面选取相关指标。李景跃等强调金融主体的能动性及主体与环境之间的和谐性在金融生态评价中的地位，提出对金融主体意识形态进行评价，构建了金融生态意识、金融发展意识、金融企业运营意识、经营者素质等 7 项指标。杨庆明等论证了金融生态类型与经济增长效率的相关性，在建立金融生态评价指标体系时，侧重于使用经济、金融发展水平和信用环境等指标，而未涉及法律环境等方面。谢太峰等针对北京和上海国际金融中心，构建了金融生态环境综合评价指标体系，在指标体系中设定了与基础设施相关的指标，如通信地位、交通地位和行政地位等。

建立金融生态评价指标体系时，要考虑各主体以及环境等多方面的因素，如社会经济发展水平、金融资源水平、信用环境和制度环境等。在具体研究中，应参照已有成果，结合研究对象实际，适当划分子目标，选取评价准则，筛选具体评价指标。

二、金融生态评价方法

金融生态评价的方法大致可分为定性分析、定量分析及定性与定量相结合等方法。定性分析是一种利用人的经验判断和推理来分析问题的方法，如德尔菲法。定量分析通过对统计资料进行加工整理，根据需要确定相应的指标，进行分类和分析，指出各指标间的关系及其变化趋势。目前，多数关于金融生态评价的研究都使用定性与定量相结合的评价方法，即通过一些数学方法将定性评价结果进行量化处理，结合可计量的评价指标，对金融生态进行更为客观可行的评价。常用的数学方法主要有层次分析法（Analytic Hierarchy Process，AHP）、主成分分析法（Principal Component Analysis，PCA）、因子分析法（Factor Analysis，FA）、数据包络分析法（Data Envelopment Analysis，DEA）等。

（一）层次分析法

层次分析法是将决策者对复杂系统的决策思维过程进行模型化、数量化的过程。使用这种方法，决策者可以将复杂的问题分解成若干层次和若干因素，在各层次和因素之间进行两两比较，从而得出不同因素重要程度的权重，为综合评价或决策提供依据。然而这种方法存在较大的主观性，在实际应用中，往往需要多部门、多领域的专家共同协商、集体决定；在构造判断矩阵时，对于各因素重要程度的判断也普遍采用专家评分法，综合不同意见。

（二）主成分分析法与因子分析法

在建立金融生态评价指标体系时，通常会根据定性分析的结果，选取大量各类指标，但是这会使计算和评价难度增加，因此就需要运用科学算法将复杂的指标体系简化。主成分分析法与因子分析法都是利用降维的思想，把多指标转化为少数几个综合指标的多元统计分析方法。它们在尽可能保证原有数据完整性的前提下，对高维变量进行降维处理，以较少的几个指标或因子反映原始资料的大部分信息，且这少数几个综合变量间不相关。

主成分分析法和因子分析法的应用可通过 SPSS 等统计软件实现，近年来在金融生态评价的研究中也较为普遍。蒋满霖采用主成分分析法，分别对 2006 年安徽省 17 个地市和安徽省 2002—2006 年时间序列上的金融生态环境发展状况进行了对比研究。人民银行武汉分行课题组运用主成分分析法进行回归建模，以湖北省 16 个市、州为横截面样本，证明了金融生态环境对信贷资金投放的影响。胡滨构建了金融生态环境评价指标体系，以黑龙江省 13 个地市为例，采用因子分析法，得出了各地市主因子与综合因子的得分及排名。何剑以采用多元统计因子分析法评估了新疆金融生态发展态势，并提出改善新疆金融生态的对策建议。

（三）数据包络分析法

数据包络分析法（DEA）主要用来评价决策单元间的相对有效性。它根据一组关于输入—输出的观察值估计有效生产前沿面。数据包络分析法处在前沿面上的决策单元，其投入产出组合最有效率，将其效率指标定为 1；认定不在前沿面上的决策单元为无效率，且以前沿面的有效点为基准，赋予其相对的效率指标。数据包络分析法还可以判断各个决策单元投入规模的适合程度，给出调整其投入规模的方向和程度。数据包络分析法不要求像参数方法那样对投入产出对应的函数形式做出具体假设，其度量的效率是着眼于有效前沿面的，其度量的最好业绩是实际可以达到的；而参数方法估计的效率是相对于平均的业绩来说的。数据包络分析法可以计算每一决策单元的效率指数，而参数方法只能提供统计平均值。数据包络分析法可以鉴别决策单元的有效性，也可以估计效率的程度。

（四）其他评价方法

模糊综合评价法是一种运用模糊变换原理分析和评价模糊系统的方法。它是一种以模糊推理为主的定性与定量相结合、精确与非精确相统一的分析评判方法。该方法可以处理金融生态评价这种难以用精确数学方法描述的复杂问题，在王秀芳和郭晖等人的研究中都表现出独特的优越性。

集对分析是由中国学者赵克勤于1989年提出的。该方法着眼于对系统做同、异、反辩证和定量分析，基本思路是在一定的问题条件下对一个集合对子的特性进行分析，建立两个集合在特定问题下的同异反联系度表达式，构造评价矩阵，确定指标权数，从而构造评价模型。姚杰等应用集对分析法，基于2003—2007年的数据对我国金融生态环境进行了评价。

人工神经网络是在现代神经科学研究成果的基础上提出的，反映了人脑功能的基本特征，是人脑的某种抽象、简化与模拟。人工神经网络具有自学习功能、联想存储功能和高速寻找优化解的能力。张瑞怀以湖南省86个县为研究样本，首次将人工神经网络模型用于对农村金融生态环境的综合评价，并通过对湖南个案的研究分析了农村县域金融生态环境的差异及产生的原因。

第二节　农村金融生态评价

农村金融生态系统是金融生态的子系统，对其进行评价应在运用上文所述的金融生态评价的基本指标体系和评价方法的基础上，根据其自身的特性进行适当调整。本节阐述农村金融生态评价的基本原则，采用定性判断与定量评价相结合的技术思路构建指标体系，选择评价方法。

一、农村金融生态评价原则

建立农村金融生态评价指标体系，对区域农村金融生态环境进行综合评价，应遵循以下几个原则。

1. 科学性原则

在建立指标体系时，要科学地选取有代表性的评价指标，客观地反映农村金融生态环境的本质和复杂性。在构造指标权数时，应避免单纯使用主观构权法，要尽可能运用数学、统计学等学科中先进的计算方法，以便得出更为客观的权数；在分析评价结果时，其方法和程序也应科学规范，要从客观实际出发，切实了解地区金融发展的优势劣势。科学的农村金融生态评价指标体系，应具有良好的系统性，它应以金融学、经济学、社会学及其他相关学科的理论为基础，将与农村金融生态密切相关的经济社会发展、社会信用、法律制度和金融资源环境看作一个整体的系统，构建层次分明的评价指标体系。此外，科学的评价指标应采用定性与定量方法相结合，进行科学分析和定量计算，形成对农村金融生态环境质量的直观结论。

2. 可比性原则

评价体系中的各项指标应具有可比性。由一个简单的评价结果并不能找到农村金融生态环境问题的症结，而是需要通过比较，发现各种差异，找出存在的问题。评价指标的可比性原则包括横向和纵向两个方面。横向可比性，是指同一时期内评价指标在相邻区域之间可以比较，即评价指标应该是在对比区域中绝大部分地区都具有的项目。纵向可比性，是指评价指标同一区域内不同时间点、段的历史数据之间可以比较，即评价指标在不同时期相对稳定。在实际操作中，为保证指标的可比性，通常要对原始数据统一处理，以使同一指标在统计单位、计量口径和记录形式上一致。

3. 综合性原则

农村金融生态环境是一个复合型的生态系统，指标体系要具有综合性和全面性，反映研究区域内金融发展与生态环境的主要属性及其相互关系，涵盖农村金融生态的关键信息。农村金融生态系统的主要要素都应在指标体系中得以体现，应把农村金融生态各层次、各要素视为一个整体系统，构建能够完整体现社会经济与金融生态内在联系的评价指标体系，尽可能地全面反映、测度农村经济、金融、文化、制度等方面的发展水平和趋势。

4. 地域性原则

评价指标的地域性原则，要求既要对农村金融生态系统的特点做出整体评价，又要充分考虑内部不同单元的差异性。在构建农村金融生态评价指标体系时，必须要考虑不同区域的特殊情况，选择那些最能反映区域生态环境状况的指标。当前，金融机构信贷准入、金融客户信用等级评定均为统一制定标准，而区域经济发展方面有较大差异，对于一些欠发达地区而言，采用同一标准是有失公平的。因此，进行农村金融生态评价，指标的选取应在确保客观综合地反映区域农村金融生态状况的基础上，根据区域经济社会、金融发展等状况进行适当调整。

二、评价指标体系的建立

农村金融生态涉及金融机构、政府和农村三方面，而它们又处于社会发展系统的政治、经济、文化、法律环境中。因此，农村金融生态评价指标体系的总目标是着眼于农村金融生态环境质量的改善，在参考已有研究成果中有关金融生态评价因素的论述的基础上，本书将总目标划分为农村经济环境、农村金融发展和农村法信环境3个子目标。

（一）农村经济环境

农村经济环境是农村金融生存的空间、存在的根据和服务的对象，是农村金融生态环境的重要组成部分。因此，评价农村金融生态环境的实际状况，首先要看农村的区域经济环境（Economy Environment，EE）。本书从经济水平（Economic Level，EL）、产业结构（Industrial Structure，IS）和农民生活（Rural Living，RL）3个维度考察农村经济环境的状况，共设立11个具体指标。

表7-1 农村金融生态中经济环境的评价指标

目标层	准则层	指标层
经济环境（EE）	经济水平（EL）	区域GDP增长率（RGGR） 农业GDP增长率（AGGR） 农业投资产出率（RAIO） 地方财政收支比（RRFRE）
	产业结构（IS）	农业增加值占GDP比重（RAAVG） 农村非农产业与农业产值比值（RRNISAIOV）
	农民生活（RL）	农民人均纯收入增长率（GRPCNIRR） 农村消费率（RCR） 城乡居民人均收入差（DBPCIURR） 社会基本保障参保率（SSC） 农村家庭恩格尔系数（ECRR）

1. 经济水平的衡量指标

区域GDP增长率（Regional GDP Growth Rate，RGGR）：区域GDP是一定时期内（通常为一年），区域内的经济中所生产出的全部最终产品和提供劳务的市场价值的总值。GDP增长率是衡量宏观经济的重要定量指标，可以通过查询区域统计年鉴得到。

农业GDP增长率（Agricultural GDP Growth Rate，AGGR）：反映了农业的发展态势，是第一产业（包括农业、林业、畜牧业和渔业）较前期增加的产值与前期农业国内生产总值的比值，可以通过查询区域统计年鉴得到。

农业投资产出率（Ratio of Agricultural Investment to Output，RAIO）：是从投资效率的角度反映农业经济增长的集约化程度的指标，通过区域报告期农业固定资产投资与农业生产总值之间的比值计算得出。

地方财政收支比（Ratio of Regional Financial Revenue to Expenditure，RRFRE）：是地方财政总收入与地方财政总支出的比值，反映了区域经济实力。地方财政总收入是指地方财政年度收入，包括地方本级收入、中央税收返还和转移支付等。财政支出主要包括基本建设支出、企业挖潜改造资金、增拨企业流动资金、支援农村生产支出和各项农业事业费、工交商部门事业费、抚恤和社会救济费、科教文卫事业费、行政管理费、债务支出等。

2. 产业结构的衡量指标

农业增加值占 GDP 比重（Ratio of Agricultural Added Value to GDP, RAAVG），即第一产业增加值与国民生产总值之比，反映了农业在所有产业中的地位以及农业对整个宏观经济发展的贡献。

农村非农产业与农业产值比值（Ratio of Rural Non-agricultural Industries Output Value to Agricultural Industries Output Value, RRNISAIOV）：农村非农产业是指乡镇企业和农户非农产业经营。这一比值反映了农村产业结构优化水平，其值越大，则农村产业结构越合理。

3. 农民生活的衡量指标

农民人均纯收入增长率（Growth Rate of Per Capita Net Income for Rural Residents, GRPCNIRR）：农民人均纯收入是指经国家统计局批准、农业部制定的农村经济收益分配统计报表中的"农民人均所得"；可以通过查区域内统计年鉴得到纯收入值，再通过两年数据计算增长率。

农村消费率（Rural Consumption Ratio, RCR）：是农村居民个人消费和农村社会消费的总额占当年农村国民支出总额的比率。它反映了产品用于最终消费的比重，是衡量农民生活水平的重要指标。

城乡居民人均收入差（Difference Between Per Capita Income of Urban and Rural Residents, DBPCIURR），即城镇居民收入与农村居民收入的差值，是通过对比反映城乡二元经济结构下居民生活水平的差异的指标。

社会基本保障参保率（Social Security Coverage, SSC）：该指标值通过农村新型合作医疗保险参加人数除以农村人口数得到。社会保障的健全程度是社会公平的体现，可以平滑经济周期，具有稳定社会的功能。

农村家庭恩格尔系数（Engel's Coefficient of Rural Residents, ECRR）：

恩格尔系数是食品支出总额占个人消费支出总额的比重。一个家庭收入越少，家庭收入中（或总支出中）用来购买食物的支出所占的比例就越大。随着家庭收入的增加，家庭收入中（或总支出中）用来购买食物的支出比例则会下降。

(二) 农村金融发展

从本质来说，经济环境中包含了金融发展的内容，而单独将农村金融发展作为一个子目标进行评价，旨在强调金融的重要性，同时又能对农村金融发展状况形成直观的结论。这里，进一步将农村金融发展（Financial Development，FD）分解为金融规模（Financial Scale，FS）、金融业务（Financial Services，FSV）、金融效率（Financial Efficiency，FE）、金融机构管理（Financial Institution Management，FIM）和金融市场调节机制（Financial Market Regulation Mechanism，FMRM）5 个准则，共包含 14 个具体指标。

表 7 - 2　农村金融生态中金融发展的评价指标

目标层	准则层	指标层
金融发展（FD）	金融规模（FS）	农村金融组织资产比重（RRFIA） 金融机构种类及数量（TQFI）
	金融业务（FSV）	农村存款增长率（RSGR） 农村贷款增长率（RLGR） 农业保险深度（RID）
	金融效率（FE）	储蓄投资转化率（SICR） 农村存贷比（RRSI） 资产利润率（APR）
	金融机构管理（FIM）	资产充足率（CAR） 资本管理能力（CCM）
	金融市场调节机制（FMRM）	市场竞争机制（FMCM） 市场准入机制（FMEM） 市场退出机制（FMWM） 市场监管机制（FMSM）

1. 农村金融规模的衡量指标

农村金融规模主要通过农村金融组织资产比重（Ratio of Rural Financial Institute Assets，RRFIA）和金融机构种类及数量（Type and Quantity of Financial Iinstitutions，TQFI）予以反映。

农村金融组织资产比重是农村金融组织资产与农村 GDP 的比值。

金融机构种类及数量反映了一个地区金融机构的丰富程度。

2. 农村金融业务的衡量指标

农村地区金融业务主要集中在存款、信贷和保险领域，农村存款、信贷和农业保险的规模和贡献大小是农村金融业务发展水平的重要体现。农村存款增长率（Rural Saving Growth Rate，RSGR）的计算方法是用农村报告期和前期存款量之差除以前期农村存款量。农村贷款增长率（Rural Loans Growth Rate，RLGR）是以农村报告期和前期贷款量之差除以前期农村贷款量得到的。农村保险深度（Rural Insurance Depth，RID）通过计算农险保费收入与农村 GDP 的比值得到。

3. 农村金融效率的衡量指标

储蓄投资转化率（Savings – Investment Conversion Rate，SICR）：是指一段时期国内储蓄总额与投资总额的比例，是一个相对指标。该指标是一国或地区资本形成效率的重要标志。

农村存贷比（Ratio of Rural Savings to Investment，RRSI）：是指农村金融组织贷款总额与存款总额的比值。从金融机构盈利的角度来讲，存贷比越高越好，因为存款是要付息的，即所谓的资金成本。如果金融机构的存贷比低，则意味着其资金运用成本高，金融机构的盈利能力相对较差。

资产利润率（Asset Profit Ratio，APR）：是反映企业资产盈利能力的指标，是指金融机构在一定时间内实现的利润与同期资产平均占用额的比率。金融机构资产利润率这项指标能促进金融机构全面改善经营管理，不断提高经济效益。

4. 农村金融机构管理的衡量指标

资本充足率（Capital Adequacy Ratio，CAR）：是指资本总额与加权风险资产总额的比例。资本充足率反映了金融机构在存款人和债权人的资产遭到损失之前，能以自有资本承担损失的程度。规定该项指标的目的在于抑制风险资产的过度膨胀，保护存款人和其他债权人的利益，保证银行等金融机构正常运营和发展。各国金融管理当局一般都有对商业银行资本充足率的管制，目的是监测银行抵御风险的能力。

资本管理能力（Capacity of Capital Management，CCM）：指金融机构管理资本，使之保值增值的能力。

5. 农村金融市场调节机制的衡量指标

反映区域农村金融生态状况的某些因素不能被定量描述，也没有相应的统计定量指标，需要通过专家评分法将定性指标进行量化。具体做法是设计区域农村金融生态状况调查问卷，设置相应问题，每题设有若干选项，从低到高对各选项赋以分值，最高分为 10 分。随机抽取对象发放问卷，收回有效问卷后，通过汇总计算，得出农村金融生态指标的定性评价分值。

金融市场调剂机制的衡量指标均为定性指标。对于农村金融市场竞争机制（Financial Market Competition Mechanism，FMCM）指标的评分，应从竞争是否有序、金融服务体系构建是否完善及金融机构利率定价是否合理等方面进行考虑。市场准入、退出机制（Financial Market Entrance Mechanism，FMEM；Financial Market Withdrawal Mechanism，FMWM）是否完善，主要取决于地方政府对建立新型农村金融组织的态度、问题金融机构能否及时退出和民间金融机构的建立状况等。评价市场监管机制（Financial Market Supervisory Mechanism，FMSM）则应从监管机构监管法规出台是否及时，监管理念、手段是否先进，金融监管机构素质如何，以及监管有效性的社会认知度等因素入手。

（三）农村法信环境

农村法信环境（Legal and Credit Environment，LCE）主要是指农村的法

制环境（Legal Environment，LE）和信用环境（Credit Environment，CE），共包含6个具体指标。

表7-3　农村金融生态中法信环境的评价指标

目标层	准则层	指标层
法信环境（LCE）	农村法制环境（LE）	法律体系的完备性（CLS） 金融案件发生率（ORFC） 金融案件执结率（ERFC）
	农村信用环境（CE）	农业贷款不良率（RNPAL） 信用农户比重（RCRH） 农业信用贷款占比（RACL）

1. 农村法律环境的衡量指标

金融法制建设直接影响着农村金融生态环境的有序性、稳定性、平衡性和创新能力，决定了农村金融生态环境的发展空间。完善的法律环境能够有效地保护金融主体产权，有效地遏制恶意信用欺诈和逃避金融债务行为的发生，有助于规范农村经济主体和金融机构经营行为。农村法律环境用法律体系的完备性（Completeness of Legal System，CLS）、金融案件发生率（Occurrence Rate of Financial Cases，ORFC）及金融案件执结率（Enforcement Rate of Financial Cases，ERFC）3个指标来衡量。

法律体系的完备性是一个定性指标，在评价时应分析法律法规建设情况和地方法规制度制定情况，考虑在金融行为、金融机构和个人及监管3方面是否有较为完备的立法。

农村金融案件发生率通过农村金融机构案件发生数与金融案件发生数的比值计算得到。它是一个逆向指标，即农村金融案件发生的比例越高，说明农村金融法律环境越不完善。

农村金融案件执结率考核的是农村法律的执行效率，反映的是法律文书所确定的权利和义务能否及时得到实现，关系到司法的权威和农民对司法的信任。

2. 农村信用环境的衡量指标

农村信用环境是农村金融生态评价中的一个十分重要的指标。金融的产生依赖信用经济的发展，金融业务的经营借助信用工具的运用和创新来实现。如果信用体系建设滞后，缺乏对债务人履约必需的制约，将极大威胁农村金融组织的资金安全。

农业贷款不良率（Ratio of Non – Performing Agricultural Loans，RNPAL）：是指金融机构农业不良贷款占总农业贷款额的比重。不良贷款是指在评估银行贷款质量时，按风险基础被划分为次级、可疑和损失的三类贷款，主要通过银行内部数据得出。

信用农户比重（Ratio of Credit Rural Households，RCRH）：是信用农户数占总农户数的比重。

农业信用贷款占比（Ratio of Agricultural Credit Loans，RACL）：是指农村金融机构发放的信用贷款占所有金融机构农业贷款的比重。

表7－4 农村金融生态评价指标体系

目标层	准则层	指标层
经济环境（EE）	经济水平（EL）	区域 GDP 增长率（RGGR） 农业 GDP 增长率（AGGR） 农业投资产出率（RAIO） 地方财政收支比（RRFRE）
	产业结构（IS）	农业增加值占 GDP 比重（RAAVG） 农村非农产业与农业产值比值（RRNISAIOV）
	农民生活（RL）	农民人均纯收入增长率（GRPCNIRR） 农村消费率（RCR） 城乡居民人均收入差（DBPCIURR） 社会基本保障参保率（SSC） 农村家庭恩格尔系数（ECRR）
金融发展（FD）	金融规模（FS）	农村金融组织资产比重（RRFIA） 金融机构种类及数量（TQFI）
	金融业务（FSV）	农村存款增长率（RSGR） 农村贷款增长率（RLGR） 农业保险深度（RID）

目标层	准则层	指标层
金融发展 （FD）	金融效率 （FE）	储蓄投资转化率（SICR） 农村存贷比（RRSI） 资产利润率（APR）
	金融机构管理（FIM）	资本充足率（CAR） 资本管理能力（ACM）
	金融市场 调节机制 （FMRM）	市场竞争机制（FMCM） 市场准入机制（FMEM） 市场退出机制（FMWM） 市场监管机制（FMSM）
法信环境 （LCE）	法制环境 （LE）	法律体系的完备性（CLS） 金融案件发生率（ORFC） 金融案件执结率（ERFC）
	信用环境 （CE）	农业贷款不良率（RNPAL） 信用农户比重（RCRH） 农业信用贷款占比（RACL）

三、农村金融生态评价方法

（一）评价方法采选

对于金融生态评价这样较复杂的问题，每种评价方法都有一定的缺陷，多种方法结合则可以取长补短。普遍做法是将层次分析法与其他数学方法结合，如层次分析法与模糊综合评判法结合、层次分析法与数据包络法结合、层次分析法与人工神经网络评价法的集成等。

基于对金融生态评价各种数学方法特点的比较，这里选用模糊综合评判法对农村金融生态进行评价，其中在确定具体指标权重时使用层次分析法。模糊综合评判是以模糊数学为基础，应用模糊关系合成的原理，将一些边界不清、不易定量的因素定量化，进行综合评价的一种方法。在农村金融生态评价中，涉及大量的复杂现象和多种因素的相互作用，而且评价中存在大量的模糊现象和模糊概念。但权重的确定需要专家的知识和经验，具有一定的缺陷，为此，这里采用层次分析法来确定各指标的权系数，使其更有合理性，更符合客观实际并易于定量表示，从而提高模糊综合评判结果的准确性。

（二）评价基本步骤

1. 评判模型的设置

根据建立的农村金融生态评价指标体系，要求建立具有 3 个层次的模糊综合评判模型，如表 7 – 5 所示。

表 7 – 5 农村金融生态评判模型

	以指标表示	相应简约表示
第一层	$U = \{EE, FD, LCE\}$	$U = \{A_1, A_2, A_3\}$
第二层	$EE = \{EL, IS, RL\}$ $FD = \{FS, FSV, FE, FIM, FMRM\}$ $LCE = \{LE, CE\}$	$A_1 = \{B_1, B_2, B_3\}$ $A_2 = \{B_4, B_5, B_6, B_7, B_8\}$ $A_3 = \{B_9, B_{10}\}$
第三层	$EL = \{RGGR, AGGR, RAIO, RRFRE\}$ $IS = \{RAAVG, RRNISAIOV\}$ $RL = \{GRPCNIRR, RCR, DBPCIURR, SSC, ECRR\}$ $FS = \{RRFIA, TQFI\}$ $FSV = \{RSGR, RLGR, RID\}$ $FE = \{SICR, RRSI, APR\}$ $FIM = \{CAR, ACM\}$ $FMRM = \{FMCM, FMEM, FMWM, FMSM\}$ $LE = \{CLS, ORFC, ERFC\}$ $CE = \{RNPAL, RCRH, RACL\}$	$B_1 = \{C_1, C_2, C_3, C_4\}$ $B_2 = \{C5, C_6\}$ $B_3 = \{C_7, C_8, C_9, C_{10}, C_{11}\}$ $B_4 = \{C_{12}, C_{13}\}$ $B_5 = \{C_{14}, C_{15}, C_{16}\}$ $B_6 = \{C_{17}, C_{18}, C_{19}\}$ $B_7 = \{C_{20}, C_{21}\}$ $B_8 = \{C_{21}, C_{22}, C_{23}, C_{24}, C_{25}\}$ $B_9 = \{C_{26}, C_{27}, C_{28}\}$ $B_{10} = \{C_{29}, C_{30}, C_{31}\}$

2. 评语集合的确定

根据评价决策的实际需要，将评判等级标准分为"好""较好""一般""差" 4 个等级，即评语集合为：

$$V = \{v_1, v_2, v_3, v_4\} = \{好, 较好, 一般, 差\}$$

3. 评价元素权重子集的确定

使用层次分析法确定权重系数，首先构造判断矩阵，其形式如下：

Y_k	X_m	X_{m+1}	...	X_n
X_m	x_{mm}	$x_{m,m+1}$	...	x_{mn}
X_{m+1}	$x_{m+1,m}$	$x_{m+1,m+1}$	...	$x_{m+1,n}$
...	...	...		...
X_n	x_{nm}	$x_{n,m+1}$	...	x_{nn}

其中，x_{ij} 表示对于 Y_k 而言，元素 X_i 对 X_j 的相对重要性的判断值，一般取 1、3、5、7、9 5 个等级标度，数值越大表示 X_i 较 X_j 越重要。判断矩阵的数值是根据数据资料、专家意见和分析者的认识，加以平衡后给出的。

在判断矩阵的基础上，进行层次单排序，确定与上层某元素相关的本层次各元素重要性次序的权重值。具体而言，对于判断矩阵 X，计算满足 $XW = \lambda_{\max} W$ 的特征根和特征向量，其中 $\lambda_{\max}$ 为 X 的最大特征根，W 为对应于 $\lambda_{\max}$ 的正规化特征向量。利用同一层次所有单排序的结果，就可以计算层次总排序，即对上一层次而言本层次所有元素的重要性权重值。

层次排序的结果应满足一致性要求，否则就要对判断矩阵进行调整。为了判断一致性是否达标，需要将一致性指标 CI 与平均随机一致性指标 RI（查表得到）进行比较。对于层次单排序，一致性指标为：

$$CI = \frac{\lambda_{\max} - n}{n - 1} \quad RI：查表得到$$

对于层次总排序，一致性指标为：

$$CI = \sum a_j CI_j \qquad RI = \sum a_j RI_j$$

对于二阶以上的判断矩阵，其一致性应满足以下标准：

$$CR = \frac{CI}{RI} < 0.10$$

经过对判断矩阵的计算、检验和调整，得到各级评价要素指标的权重系数子集。

子目标权重（一级权重）记为：

$$\tilde{A} = [a_1, a_2, a_3]$$

各准则权重（二级权重）记为：

$$\tilde{B}_i = [b_m, b_{m+1}, \cdots, b_n] \quad (i = 1, 2, 3)$$

各具体指标权重（三级权重）记为：

$$\tilde{C}_i = [c_m, c_{m+1}, \cdots, c_n] \quad (i = 1, \cdots, 10)$$

4. 评判的实施

根据农村金融生态系统的各种实际调查访问资料与研究数据，采用模糊数学和精确数学方法对各个评价指标进行定量估算，然后由评判专家小组的每一个成员根据已确定的评价等级标准依次对各个指标进行评价。对于一个指标，选择某评价等级的专家人数占专家小组总人数的比例，就是该指标在这一等级的评价值。以此类推，可以得到各准则的评价决策矩阵：

$$R_i (i = 1, \cdots, 10)$$

根据评价决策矩阵，建立模糊评判矩阵，即分别对各评判因素进行单因素评判结果的隶属度向量组合。首先，由各指标的权重系数向量 $\tilde{C}_i$ 和评价决策矩阵 R_i 进行合成运算，得到准则层各要素的隶属度向量：

$$D_i = \tilde{C}_i \cdot R_i \quad (i = 1, \cdots, 10)$$

基于准则层各要素的隶属度向量，可以得到各子目标的评价决策矩阵：

$$Ri(i = 1, 2, 3): Ri = (D_1, D_2, D_3)'$$

$$Ri = (D_4, D_5, D_6, D_7, D_8)', \quad Ri = (D_9, D_{10})'$$

再由准则层各要素的权重系数向量 $\tilde{B}_i$ 和评价决策矩阵 Ri 进行合成运算，可得各子目标的隶属度向量：

$$E_i = \tilde{B}_i \cdot Ri \quad (i = 1, 2, 3)$$

基于各子目标的隶属度向量，可以得到总目标的评价决策矩阵：

$$R = (E_1, E_2, E_3)'$$

最后，由各子目标的权重系数向量 $\bar{A}$ 和评价决策矩阵 R 进行合成运算，可得出对农村金融生态的模糊综合评价结果：

$$F = \bar{A} \cdot R = (f_1, f_2, f_3, f_4, f_5)$$

比较 f_i 值的大小，根据最大隶属度原则，可对农村金融生态的等级做出定性评价。若将等级转化为 0 ~ 100 的分数，则可取各等级范围的中间分值与各隶属度 f_i 相乘，得到量化的加权综合评分。

四、农村金融生态模糊评判实证

（一）确定影响因素相对重要性

为了确定表 7 - 4 中各指标的权重，需要对指标层中各指标以及准则层中的各准则进行两两间的重要性比较，从而得到判断矩阵。

根据表 7 - 4 确定的指标关系，利用 yaahp 0.5.0 层次分析软件构建如图 7 - 2 所示的层次分析模型。

利用 yaahp 0.5.0 软件自动生成层次模型指标比较调查问卷，邀请《金融研究》编辑部、LC 大学、中国人民银行 LC 市中心支行、LC 市银监局、LC 市统计局的专家和业内人士进行调查；根据收回的调查问卷，整理出如表 7 - 6 至表 7 - 19 所示的权重关系。由于在 yaahp 0.5.0 软件中只有在判断矩阵满足一致性条件的情况下才能进行后续计算，因此通过整理调查问卷得出的判断矩阵符合一致性条件，标度方法采用 e^ (0/5) ~ e^ (8/5)。

1. 目标层重要性判断结果

表 7 - 6　目标层对于"总目标"的相对重要性判断

A	评价尺度									B
	9	7	5	3	1	3	5	7	9	
法信环境			√							金融发展
法信环境				√						经济环境
金融发展						√				经济环境

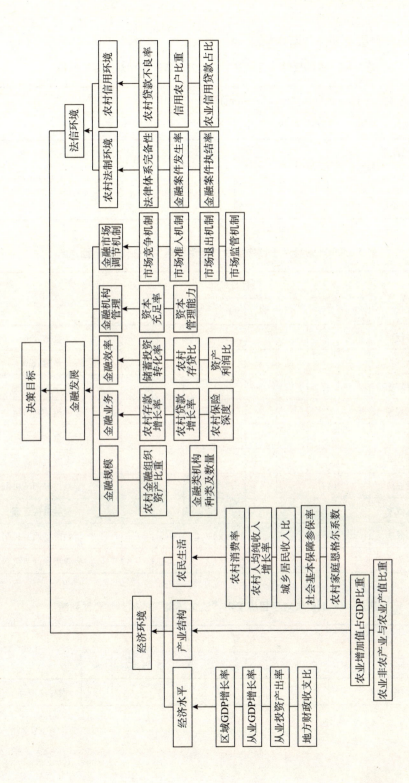

图 7 - 2 农村金融生态层次分析模型

2. 准则层重要性判断结果

表 7-7　准则层对于目标层中"经济环境"的相对重要性判断

A	评价尺度									B
	9	7	5	3	1	3	5	7	9	
经济水平				√						产业结构
经济水平			√							农民生活
产业结构						√				农民生活

表 7-8　准则层对于目标层中"金融发展"的相对重要性判断

A	评价尺度									B
	9	7	5	3	1	3	5	7	9	
金融规模			√							金融业务
金融规模				√						金融效率
金融规模				√						金融机构管理
金融规模					√					金融市场调节机制
金融业务				√						金融效率
金融业务						√				金融机构管理
金融业务				√						金融市场调节机制
金融效率				√						金融机构管理
金融效率						√				金融市场调节机制
金融机构管理			√							金融市场调节机制

表 7-9　准则层对于目标层中"法信环境"的相对重要性判断

A	评价尺度									B
	9	7	5	3	1	3	5	7	9	
农村信用环境					√					农村法制环境

3. 指标层重要性判断结果

表 7 – 10　指标层对于准则层中"经济水平"的相对重要性判断

A	评价尺度									B
	9	7	5	3	1	3	5	7	9	
区域 GDP 增长率		√								农业 GDP 增长率
区域 GDP 增长率			√							农业投资产出率
区域 GDP 增长率			√							地方财政收支比
农业 GDP 增长率						√				农业投资产出率
农业 GDP 增长率						√				地方财政收支比
农业投资产出率							√			地方财政收支比

表 7 – 11　指标层对于准则层中"产业结构"的相对重要性判断

A	评价尺度									B
	9	7	5	3	1	3	5	7	9	
农业增加值占 GDP 比重				√						农村非农产业与农业产值比重

表 7 – 12　指标层对于准则层中"农民生活"的相对重要性判断

A	评价尺度									B
	9	7	5	3	1	3	5	7	9	
农村消费率										农民人均纯收入增长率
农村消费率			√							城乡居民收入比
农村消费率			√							新型农合参保率
农村消费率			√							农村家庭恩格尔系数
农民人均纯收入增长率			√							城乡居民收入比
农民人均纯收入增长率			√							新型农合参保率
农民人均纯收入增长率			√							农村家庭恩格尔系数
城乡居民收入比						√				新型农合参保率
城乡居民收入比			√							农村家庭恩格尔系数
新型农合参保率			√							农村家庭恩格尔系数

表 7-13　指标层对于准则层中"金融规模"的相对重要性判断

A	评价尺度									B
	9	7	5	3	1	3	5	7	9	
农村金融组织资产比重			√							金融机构种类及数量

表 7-14　指标层对于准则层中"金融业务"的相对重要性判断

A	评价尺度									B
	9	7	5	3	1	3	5	7	9	
农村存款增长率				√						农村贷款增长率
农村存款增长率			√							农业保险深度
农村贷款增长率				√						农业保险深度

表 7-15　指标层对于准则层中"金融效率"的相对重要性判断

A	评价尺度									B
	9	7	5	3	1	3	5	7	9	
储蓄投资转化率				√						农村存贷比
储蓄投资转化率						√				资产利润率
农村存贷比						√				资产利润率

表 7-16　指标层对于准则层中"金融机构管理"的相对重要性判断

A	评价尺度									B
	9	7	5	3	1	3	5	7	9	
资本充足率				√						资本管理能力

表 7-17　指标层对于准则层中"金融市场调节机制"的相对重要性判断

A	评价尺度									B
	9	7	5	3	1	3	5	7	9	
市场竞争机制				√						市场监管机制
市场竞争机制			√							市场准入机制
市场竞争机制				√						市场退出机制
市场监管机制						√				市场准入机制
市场监管机制						√				市场退出机制
市场准入机制				√						市场退出机制

表 7-18 指标层对于准则层中"信用环境"的相对重要性判断

A	评价尺度									B
	9	7	5	3	1	3	5	7	9	
农村贷款不良率				√						信用农户比重
农村贷款不良率			√							农业信用贷款占比
信用农户比重				√						农业信用贷款占比

表 7-19 指标层对于准则层中"法制环境"的相对重要性判断

A	评价尺度									B
	9	7	5	3	1	3	5	7	9	
法律体系完备性			√							金融案件发生率
法律体系完备性			√							金融案件执结率
金融案件发生率						√				金融案件执结率

（二）模糊综合评价

首先，定义评价定量分级标准。

表 7-20 评价定量分级标准

评价值	评语	定级
$x_i > 3.5$	好	$E1$
$2.5 < x_i \leqslant 3.5$	较好	$E2$
$1.5 < x_i \leqslant 2.5$	一般	$E3$
$x_i \leqslant 1.5$	差	$E4$

其次，利用通过专家调查法得到的指标间相对重要性资料，计算各指标权重。通过对 10 位专家进行的调查得到相应的模糊判断矩阵，计算得到模糊综合评价结果。

1. 准则层评价结果

（1）经济水平。

经济水平	Wi
区域 GDP 增长率	0.4509
农业 GDP 增长率	0.1358
农业投资产出率	0.1659
地方财政收支比	0.2474

$$(0.4509, 0.1358, 0.1659, 0.2474) \begin{bmatrix} 0.3 & 0.4 & 0.3 & 0 \\ 0.3 & 0.3 & 0.4 & 0.1 \\ 0.2 & 0.3 & 0.4 & 0 \\ 0.3 & 0.3 & 0.4 & 0 \end{bmatrix}$$

$= (0.28341, 0.34509, 0.35491, 0.01659)$

经济水平评价结果：

$(0.28341, 0.34509, 0.35491, 0.01659)(4, 3, 2, 1)' = 2.89532$，属于较好等级。

（2）产业结构。

产业结构	Wi
农业增加值占 GDP 比重	0.5987
农村非农产业与农业产值比重	0.4013

$$(0.5987, 0.4013) \begin{bmatrix} 0.2 & 0.3 \\ 0.2 & 0.2 \end{bmatrix}$$

$= (0.2, 0.25987, 0.5, 0.04013)$

产业结构评价结果：

$(0.2, 0.25987, 0.5, 0.04013)(4, 3, 2, 1)' = 1.81974$，属于一般等级。

（3）农民生活。

农民生活	Wi
农村消费率	0.1984
农民人均纯收入增长率	0.3762
城乡居民收入比	0.1560
社会基本保障参保率	0.1560
农村家庭恩格尔系数	0.1133

$$(0.1984, 0.3762, 0.1560, 0.1560, 0.1133) \begin{bmatrix} 0.1 & 0.2 & 0.5 & 0.2 \\ 0.2 & 0.4 & 0.4 & 0 \\ 0.1 & 0.1 & 0.6 & 0.2 \\ 0.6 & 0.3 & 0.1 & 0 \\ 0.1 & 0.3 & 0.5 & 0.2 \end{bmatrix}$$

$= (0.17866, 0.23975, 0.35461, 0.07088)$

农民生活评价结果：

$(0.17866, 0.23975, 0.35461, 0.07088) (4, 3, 2, 1)' = 2.21399$，属于一般等级。

（4）金融规模。

金融规模	Wi
农村金融组织资产比重	0.6900
金融类机构种类及数量	0.3100

$$(0.6900, 0.3100) \begin{bmatrix} 0.1 & 0.4 & 0.5 & 0 \\ 0 & 0.4 & 0.6 & 0 \end{bmatrix}$$

$= (0.069, 0.4, 0.531, 0)$

金融规模评价结果：

$(0.069, 0.4, 0.531, 0)(4, 3, 2, 1)' = 2.538$，属于较好等级。

（5）金融业务。

金融业务	Wi
农村存款增长率	0.4187
农村贷款增长率	0.3664
农业保险深度	0.2149

$$(0.4187, 0.3664, 0.2149) \begin{bmatrix} 0.3 & 0.4 & 0.3 & 0 \\ 0.2 & 0.4 & 0.4 & 0 \\ 0 & 0.2 & 0.5 & 0.3 \end{bmatrix}$$

= (0.19889,0.35702,0.37962,0.06447)

金融业务评价结果：

(0.19889,0.35702,0.37962,0.06447)(4,3,2,1)′ = 2.69033,属于较好等级。

(6) 金融效率。

金融效率	W_i
储蓄投资转化率	0.2864
农村存贷比	0.2864
资产利润率	0.4272

$$(0.2864,0.2864,0.4272)\begin{bmatrix} 0.1 & 0.3 & 0.5 & 0.1 \\ 0.3 & 0.4 & 0.3 & 0 \\ 0 & 0.3 & 0.6 & 0.1 \end{bmatrix}$$

= (0.11456,0.32864,0.48544,0.07136)

金融效率评价结果：

(0.11456,0.32864,0.48544,0.07136)(4,3,2,1)′ = 2.4864,属于一般等级。

(7) 金融机构管理。

金融机构管理	W_i
资本充足率	0.5000
资本管理能力	0.5000

$$(0.5000,0.5000)\begin{bmatrix} 0.4 & 0.4 & 0.2 & 0 \\ 0.1 & 0.3 & 0.6 & 0 \end{bmatrix}$$

= (0.25,0.35,0.4,0)

金融机构管理评价结果：

(0.25,0.35,0.4,0)(4,3,2,1)′ = 2.85,属于较好等级。

（8）金融市场调节机制。

金融市场调节机制	W_i
市场竞争机制	0.3292
市场监管机制	0.1807
市场准入机制	0.2207
市场退出机制	0.2695

$$(0.3292, 0.1807, 0.2207, 0.2695) \begin{bmatrix} 0.1 & 0.4 & 0.5 & 0 \\ 0.1 & 0.1 & 0.7 & 0.1 \\ 0 & 0.4 & 0.6 & 0 \\ 0 & 0.1 & 0.7 & 0.2 \end{bmatrix}$$

$= (0.05099, 0.26498, 0.61216, 0.07197)$

金融市场调节机制评价结果：

$(0.05099, 0.26498, 0.61216, 0.07197)(4,3,2,1)' = 2.29519$，属于一般等级。

（9）农村法制环境。

农村法制环境	W_i
法律体系完备性	0.5245
金融案件发生率	0.2062
金融案件执结率	0.2693

$$(0.5245, 0.2062, 0.2693) \begin{bmatrix} 0.1 & 0.2 & 0.7 & 0 \\ 0 & 0 & 0.8 & 0.2 \\ 0.2 & 0.4 & 0.4 & 0 \end{bmatrix}$$

$= (0.10631, 0.21262, 0.63983, 0.04124)$

农村法制环境评价结果：

$(0.10631, 0.21262, 0.63983, 0.04124)(4,3,2,1)' = 2.384$，属于一般等级。

（10）农村信用环境。

农村信用环境	W_i
农村贷款不良率	0.4718
信用农户比重	0.3162
农业信用贷款占比	0.2120

$$(0.4718, 0.3162, 0.2120)\begin{bmatrix} 0.1 & 0.5 & 0.4 & 0 \\ 0 & 0.1 & 0.7 & 0.2 \\ 0 & 0.2 & 0.8 & 0 \end{bmatrix}$$

$$= (0.04718, 0.30992, 0.57966, 0.06324)$$

农村信用环境评价结果：

$(0.04718, 0.30992, 0.57966, 0.06324)(4,3,2,1)' = 2.34104$，属于一般等级。

2. 目标层评价结果

（1）经济环境。

经济环境	W_i
经济水平	0.4762
产业结构	0.2445
农民生活	0.2793

$$(0.4762, 0.2445, 0.2793)\begin{bmatrix} 0.1 & 0.4 & 0.5 & 0 \\ 0.2 & 0.4 & 0.4 & 0 \\ 0.1 & 0.4 & 0.5 & 0 \end{bmatrix}$$

$$= (0.12445, 0.4, 0.47555, 0)$$

经济环境评价结果：

$(0.12445, 0.4, 0.47555, 0)(4, 3, 2, 1)' = 2.6489$，属于较好等级。

（2）金融发展。

金融发展	W_i
金融规模	0.2707
金融业务	0.1814
金融效率	0.1675
金融机构管理	0.2129
金融市场调节机制	0.1675

$$(0.2707, 0.1814, 0.1675, 0.2129, 0.1675) \begin{bmatrix} 0 & 0.4 & 0.5 & 0.1 \\ 0.1 & 0.4 & 0.5 & 0 \\ 0.1 & 0.2 & 0.6 & 0.1 \\ 0.2 & 0.4 & 0.4 & 0 \\ 0.1 & 0.4 & 0.5 & 0 \end{bmatrix}$$

$= (0.09422, 0.3665, 0.49546, 0.04382)$

金融发展评价结果：

$(0.09422, 0.3665, 0.49546, 0.04382)(4, 3, 2, 1)' = 2.51112$，属于较好等级。

（3）法信环境。

法信环境	W_i
农村信用环境	0.5000
农村法制环境	0.5000

$$(0.5, 0.5) \begin{bmatrix} 0 & 0.5 & 0.4 & 0.1 \\ 0.1 & 0.5 & 0.4 & 0 \end{bmatrix}$$

$= (0.05, 0.5, 0.4, 0.05)$

法信环境评价结果：

$(0.05, 0.5, 0.4, 0.05)(4, 3, 2, 1)' = 2.55$，属于较好等级。

3. 农村金融生态系统最终评价结果

决策目标	Wi
经济环境	0. 3162
金融发展	0. 2120
法信环境	0. 4718

$$(0.4718,0.2120,0.3162)\begin{bmatrix} 0.2 & 0.4 & 0.4 & 0 \\ 0.1 & 0.4 & 0.5 & 0 \\ 0 & 0.4 & 0.6 & 0 \end{bmatrix}$$

$= (0.11556, 0.4, 0.48444, 0)$

LC 市农村生态系统评价结果:

$(0.11556, 0.4, 0.48444, 0)(4, 3, 2, 1) = 2.63112$,属于较好等级。

第八章 农村金融生态优化

第一节 优化农村金融生态布局

优化农村金融体系，要以金融"生态观"为指导。生态系统的组成成分越多样，其自动调节恢复系统稳定的能力就越强，农村金融生态系统也具有类似的特征。构建农村金融生态主体体系，要丰富农村金融物种，引导农村金融组织的多元化、多层次发展，形成正规金融、准正规金融和非正规金融，商业金融、合作金融、其他不属于合作金融范畴的非正规金融等多种金融生态主体并存发展的生态布局。

一、生态位与金融布局优化

生态位作为生态学中的重要概念及相关的理论，对于农村金融布局的启示是，在有限资源条件下，农村金融生态主体应通过适当竞争，达到生态位的相对平衡，实现互利共生，至少是偏利共生，避免由于过度的生态位重叠造成的排斥，以及由此引起的资源利用不充分或资源浪费。

根据主体生态位宽度的相对大小，可以将主体划分为"大生位主体""小生位主体""中间位主体"。关于物种生态位，生态学家 MacArthur 提出了 K－r 模式的自然选择理论。类似的，农村金融主体也存在 K－r 生态策略。K 策略主体占据稳定的生态环境，其特征为业务规模大、市场占有率高、物耗及经营成本低，适宜在稳定的环境中生存和发展；r 策略主体占据暂时有利的金融生态环境，进化方向是努力提高对生态环境的灵活性和反应能力，其特征为规模小、经营成本高，适宜在不可预测的环境中生存和发展；大部分主体的生态策略则位于 K 策略和 r 策略之间，随着环境变化，沿着 K 策略和 r 策略两个方向发展。

在中国农村金融生态系统中，中国农业银行、农村信用合作社这样的"大生位主体"适宜采用 K 策略，即利用其市场占有率高、具有规模经济的优势，努力使规模大小保持在均衡水平，增强内部竞争力。"中间位主体"和"小生位主体"，特别是"小生位主体"（如新型农村金融机构、民间金融主体），在生态位的资源利用上存在先天劣势，要求得生存与发展，就必须主动与"大生位主体"的生态位进行分化，采取小生位 r 策略。例如，村镇银行、农村资金互助社等可以与国有银行在资金供给和信贷业务经营上进行协作，选择"协作小生位"；民间金融主体应根据其满足农村民间小额、短期、季节性、生活性需求的能力，选择"自然小生位"和"潜在小生位"。在生态竞争环境中，各金融生态主体必须根据自身特点和优势，在各自的服务领域通过一定程度的合作和资源共享来寻求竞争优势，发现生存和发展机会。

农村金融生态的理想状态是：各类金融主体采取差异化策略共同发展，构建以"大生位"主体为"关键点"（keystone）的、由众多"小生位"金融主体协同发展的、共生的、开放的、共享的农村金融生态系统。其中，"大生位"主体是生态系统中的"关键种"，要充分发挥它们在农村金融领域的龙头带动作用，以产业链为基础，整合关联金融机构的相关资源，实现业务流程的融合和信息系统的互联共享，提高农村金融系统的整体效能。

二、适度竞争实现金融物种多样性

竞争是保持物种多样性和生态平衡的重要机制。对于农村金融领域竞争机制的限制所造成的竞争不充分，是农村金融物种多样化缺乏的重要因素之一。其中，最主要的竞争限制是准入、退出机制。

（1）农村金融主体的准入、重组和退出机制。农村金融需求的多样化，要求有金融组织的多样化与其相适应。实现农村金融生态主体多样化的途径，就当前来看主要是要开放农村金融市场，建立多种金融生态主体并存、功能互补、协调共生的机制，逐步打破目前的金融垄断格局，真正形成基于竞争效率的农村金融生态体系。一方面，要遵循生态规律，通过改善农村金融监管的法律和制度框架，尤其是修订农村金融的准入制度，促使经营不善、缺乏活力和资不抵债的主体从农村金融市场退出。另一方面，允许和扩大私人资本和国外资本入股并组建新型的农村金融组织，从而增加农村金融生态主体的多样性，促进农村金融体系的适度竞争，在总量和结构方面改善农村金融产品和服务。

（2）创造农村金融主体退出的保障条件。农村金融市场存在市场失灵的问题，需要政府进行适度干预。市场失灵的两个重要方面包括垄断和外部性，如金融机构的倒闭将导致农民金融资产的消灭，不能享受应得的金融服务。因此，在鼓励农村金融生态主体在金融市场上展开适度竞争的同时，还要注意防止金融机构倒闭带来的生态破坏。为从保障机制方面解决农村金融生态主体消灭引起的外部性，应建立农村金融的存款保险制度，并进行有效的金融监督管理。最终，外部监管、存款保险制度和地方政府的治理三者结合，保证农村金融生态的延续。

（3）适度放松金融管制，鼓励开展金融创新。在金融监管方面，减少对农村金融组织具体业务的直接管制，更多地依靠生态调节完成。农村非正规金融组织是在农村广泛存在的实际金融需求的条件下产生和发展的，从生态规律方面来讲，相对于正规金融具有更自然和天然的生态特征。在正规金融供给不足、农村生产和生活性资金需求缺口较大的情况下，非正规金融的活跃对于一些地区的中小企业、农户而言，重要性高于正规金融。金融监管当局要承认农村非正规金融的合法地位，允许农村非正规金融的正常发展，并把非正规金融纳入金融监管的范围。这是仅从金融稳健的角度而言的，对于非正规金融的组织形式、服务模式等，不必过于拘泥和限制，以避免非正规金融与正规金融的趋同。放开对农村非正规金融的限制，将有可能从根本上解决农村信用社独撑农村金融市场的局面，从而形成一个具有较大差异性的金融生态主体之间的良性竞争格局。

第二节　农村金融生态主体优化

一、政策性金融主体优化

　　政策性金融体系的供给应当根据农村经济主体的需求特征决定。农村政策性金融的作用领域包括满足出于以下目的而产生的金融需求：保障农民、农户收入的稳定和持续增长，改善农村的基础设施，保障粮食安全，推进农业的战略性结构调整，促进农业科学技术和农村企业技术改造和产品升级。鉴于政策性金融资金的短缺，应促使更多的资金进入政策性金融领域从事政策性金融业务。政策性金融组织要为商业性金融从事政策性金融业务提供接口，鼓励商业性金融参与周期长、规模大的融资项目；充分利用和创造多种条件，引导商业性金融组织从事某些可盈利的政策性金融业务。加强对其他农村经济组织的扶持，为其他组织服务与农村经济社会发展创造条件。农村政策性金融组织的层次应足够丰富，以满足不同主体的融资需求。遵循市场规律，凡是可以通过市场经济解决的问题和领域，政策性金融避免介入；明确业务边界，避免与商业性金融、合作性金融的竞争，采取划分主营业务的方式界定边界。

　　（一）完善政策性银行体系

　　（1）农业发展银行定位为综合性政策性金融机构，定位于支持中低收入农户和处于发展初期的中小企业资金需求、农村小规模基础设施建设和农业科技投入，并且将其业务延伸至较大规模的农村开发性金融领域。其在业务范围上主要包括：支持农业、农村基础设施建设和农业结构调整和社会发展项目；通过贴息方式向农业项目提供中长期贷款，支持农业生产条件和农村生活条件的改善，促进农业新技术、新产品和新兴物资源等农业科技开发和成果转化，增强农业竞争力；支持农业和农村生态环境建设，促进农业可持续发展；支持区域扶贫开发，加快农村贫困人口脱贫；代理国家农业政策性补贴和各种形式的支农资金，通过利息补贴适当补偿增加的交易成本及风险，代理国际金融组织、国际粮农组织和外国政府对中国农业项目贷款；部分业务可通过农民互助合作组织代理，由农业发展银行向农民合作组织提供资金并指定项目，由合作组织向农户转贷或进行项目管理。

（2）扩大国家开发银行对农村的支持力度。这主要集中在对大型项目的开发、大型龙头企业建设和对农村项目的资金支持方面。

（3）加大进出口银行对农产品进出口的支持。支持方式主要包括农产品出口信用保险、卖方信贷（重点是具有比较优势的农产品）、买方信贷（支持良种和国家急需的农产品）以及外贸信息咨询。

由此形成：较大规模的开发性金融领域由农业发展银行、国家开发银行与大商业银行合作；小规模开发领域满足中低收入农户和发展初期的中小企业资金需求；农业发展银行对村镇银行、合作金融机构和小额信贷机构提供支持的政策性银行体系。

（二）健全政策性农业保险体系

农业是弱势产业，农村是弱势区域，农民是弱势群体。农业生产特别是种养业的风险特点决定了许多领域需要依赖政策性农业保险支持，同时也有许多领域可以推行商业性农业保险。在工业反哺农业、城市反哺农村的新时期，应当坚持政策性农业保险制度，加大财政补贴力度，改革补贴机制，促进农业保险组织多样化。建立以政策性农业保险公司为主、以商业性农业保险公司为辅的组织体系，并允许外资公司涉足农业保险领域，减少农业自然灾害和市场风险造成的经济损失。一是组建政策性农业保险公司，通过对农业提供保险补贴，增强农业抗风险的能力，支持农业的稳定健康发展。二是建立县一级具有法人地位、以合作保险为主体的农业保险组织，为农民的日常生产活动提供保险。三是制定灵活、优惠的政策，扶持农业保险的发展，鼓励发展投资主体多渠道、经营主体多样化的农业保险机构，吸引和鼓励社会各方力量入股投资，并积极引入外资保险公司开办农业保险业务，拓宽农业保险的种类和覆盖面。四是在险种设计上，优先设立种植业、养殖业保险及农产品生产、加工出口履约险种等；建立完善政府、农户（农业企业）保费承担机制。

（三）发展农村信用担保机构

（1）发展政府专项担保基金。政府担保基金经金融机构与乡镇政府充分协商，由金融机构、政府、农户签订担保基金协议，由乡镇财政将一定的专项资金拨付给农业发展服务中心。担保基金贷款主要用于支持农业产业结构调整和个体私营经济的发展。

（2）建立和完善信用担保风险补偿机制。一是政府建立信用担保补偿基金，每年按照一定的比例补充当年基金。二是参股企业按照规定比例补充担保基金。三是积极鼓励保险公司介入，按照合理负担的原则，为担保机构或担保基金提供风险保险。有条件的地方在此基础上进一步建立再担保制度，设立专门的再担保机构。

（3）发展商业化信用担保机构。鼓励各类信用担保机构积极拓展符合农村特点的担保业务，条件成熟时设立农业担保机构，鼓励现有商业性担保机构开展农村担保业务。在"农户＋龙头企业＋金融机构＋政策机制"的模式下，由龙头企业参与担保，对农户贷款进行担保，农业产业化龙头企业与金融机构共担金融风险。

二、商业性金融主体优化

历史上，商业银行的发展经历了商人金融、工商业金融和消费者金融三个阶段。当前，中国农村经济社会发展中，既面临农业生产规模化、产业化过程中的金融需求，又在农村工业化过程中存在各类工商业经营活动的金融资金和服务需求，同时农户也是一个重要的消费主体。因此，对于我国的农村金融需求市场而言，商业性金融的发展阶段具有"时空压缩"的特征，以及多种主体、多种需求并存的显著特点。与农村商业性金融需求相适应，农村商业性金融主体体系包括农业银行、邮政储蓄银行、农村商业银行及村镇银行等。当前，最突出的问题是农户和农村中小企业的金融需求得不到满足。

要解决这一矛盾，重点是发展以村镇银行为主要形式的新兴农村金融机构。相对于大型商业银行，村镇银行具有以下优势：（1）从资金运用方面来看，大型商业银行通常按照资金利用效率最大化的原则，将从一个地区吸收的存款转移到另一个地区；而村镇银行在资金运用上的区域性非常明显，主要把在所在地吸收的存款继续投放到本地区，推动当地的经济发展。（2）从信息透明度来看，由于服务区域较小，村镇银行的员工通常对当地市场的融资客户比较熟悉，同时，村镇银行的员工也是生活在村镇范围内的社会成员，银行的组织架构简单灵活，社会交际网络畅通，在很大程度上解决了信息不对称问题，部分地规避了信贷风险，从而在向中小企业和农户发放贷款时相对于大型商业银行更具优势。（3）从具体金融服务来看，村镇银行以零售为主，贷款的管理成本较低；金融产品的创新速度快，管理层有着相对灵活的决策机制，在贷款营销方面能够全面融入村镇社区，实现全面营销。

除了上述一般性优势，当前我国农村地区发展村镇银行的可行性还体现在：第一，我国农村地区的要素禀赋特征决定了农村产业以劳动密集型为主，农村的中小型企业发展空间广阔，但是面临融资渠道不畅通的困境。第二，随着农民收入的增加，农村的消费贷款和个人金融服务逐步进入快速发展的阶段，村镇银行提供的个性化金融服务和对于客户信息的掌握，使其在该类业务上存在相对优势。第三，我国金融市场存在巨大的差异性，大型商业银行在掌握不同地区的市场和业务客户的信息方面存在缺陷。村镇银行的建立，则有利于缓解农村资金运行的虹吸现象，填充大型商业银行发展战略调整后出现的金融服务真空地带。第四，发展村镇银行，能够促进农村金融生态体系的差异化，形成较为有效的市场竞争状态。

三、合作性金融主体优化

作为一个农业大国，"三农"问题始终是中国头等重要的问题，对于广大农村分散且经济实力弱的农户和农村中小企业来说，通过自愿的联合进行资金互助是一种自然和必然的选择。合作经济就是弱小的经济体以在经济上互助自救为目的的联合体。从目前中国农村的基本经济社会发展状况以及农村金融市场的当前格局来看，存在对合作金融的强烈需求。针对农户、农村中小企业等小经济体的可行的借贷模式，应该由新型的真正意义上的合作金融组织提供。

（1）农村信用合作社的改革。农村信用社需要改变的不是合作金融的性质，而是其内部管理体制。就合作金融的产生来看，合作金融组织体系是自下而上建立的，基层组织掌握经营决策权，上级机构为基层组织提供服务和开展基层合作组织共有的而不能单独开展的业务。当前，农村信用社以省联社或者县联社为统一法人的一级法人制或二级法人制，在一定程度上不能加强农村信用社社员的自主管理。在改革方案上，可以原来的乡镇信用社为法人社，省级或县级联社组建为行业协会性质的服务单位，不拥有人事、内部管理、资产调动等重要权力。至于乡镇信用社采取合作制、股份制或者股份合作制中的哪种产权形式，也完全由信用社社员采用民主的方式决定，而不必按照国家的统一标准强制执行。经济欠发达的中部和西部地区，农村信用社应该把完善合作制放在首位。以农业、农村和农户为主要服务对象的信用社，应坚持合作制的进一步完善，把农村信用社办成真正的社区型农村金融组织。经济发达地区的农村信用社，则应考虑股份制的改革路径。

（2）发展农村中小企业合作性金融。合作性金融的最大优势在于合作性，组织成员之间普遍的相互监督，降低信息成本、执行成本，就单一成员而言出资少，却能够得到便捷、充分的金融服务。农村中小企业在融资方面有着一致的需求目标，这为建立农村中小企业金融合作组织提供了可行性。实践中，可以依托行业协会或农村中小企业管理机构成立农村中小企业金融合作社。在组织形式上，可以采取信用合作社形式，或者中小企业担保基金形式，由会员企业出资入股，按照合作制的原则进行管理，企业会员之间的监督、协调由行业协会或中小企业管理机构开展。

四、民间金融主体的规范

与农村经济发展过程中的多种经济成分和多种经营形式相适应，民间金融所容纳的融资形式也呈现明显的多样性。民间金融具体表现为几种组织形式：个人之间的自由借贷、民间集资、民间合会、钱背和私人钱庄等。民间借贷的用途存在较大差异，地区性差异也非常明显。在经济发达地区，有组织性的民间借贷形式较普遍，如合会和钱庄，且多为生产性用途，利率较低；而在经济不发达的地区，则更多地表现为个人之间的借贷和民间集资，多为生活性用途，利率较高。

中国民间金融规范与引导应该既要保证民间金融的自由发展，又能将其纳入正规监管体系之中，防止农村地区出现大规模的金融危机。对于不同形式的民间借贷，可采取分类引导的方法：（1）经济不发达地区或传统农业区，民间借贷表现为初级形式，尚未形成规模化、组织化，引导方法是降低农村金融的门槛，允许有条件的组织或者个人组建农村信贷机构（如民间贷款公司），或者以当地民间金融大户为主组建股份制金融合作组织，向农民和中小企业提供贷款。这类机构一般不吸收存款，只用自有资金经营，利率水平由借贷双方协商，自主经营，自负盈亏，自我决策。人民银行在4省农村进行民间资本放贷试点就属于这种情况。（2）在经济发达、民间借贷形式较为高级的地区，应当允许那些股东人数、资本金、经营者资格及其他条件达到法律规定标准的规模较大的私人钱庄、金融合会以股份制或股份合作制的形式进行注册、登记，并鼓励其建立成社区银行，满足农户和企业较大规模资金的需要。（3）一些出于非法集资目的的民间金融应予以取缔，对于小额的、分散的、用于满足农户基本生活需要的民间自由借贷，则任其自由发展。

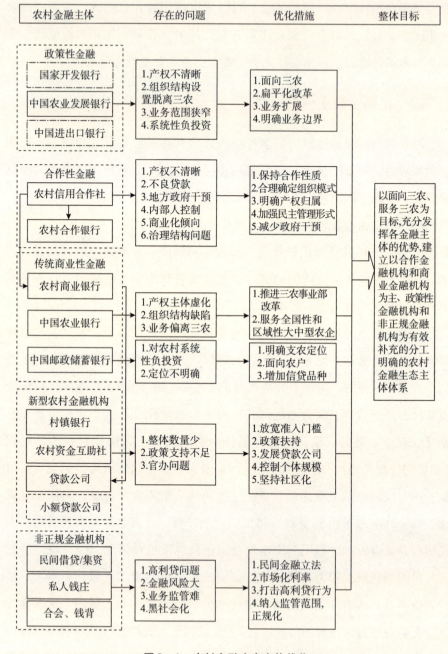

图 8-1　农村金融生态主体优化

第三节 农村金融生态环境优化

一、统筹城乡经济发展

农村产业发展和良好的经济环境是农村金融生态改善的重要依托。当前，我国的农村产业和经济从需求和供给上约束着农村金融的发展。其中，最基本的原因是城市与农村割裂发展的"二元结构"。只有统筹城乡经济发展，消除二元结构，才能放大农村资金的供应量，促进农村资金需求，从而增强货币创造力以及农村、农业资金的利用效率，实现体系内资金的稳定、健康、有序的循环，改善农村的金融生态环境。

统筹城乡经济发展、促进农村经济发展的基本途径在于推进城市化进程，实现农业剩余劳动力向城市转移，同时调整农业和农村的产业结构。相对过剩的农村人口和相对不足的农业资源之间的矛盾，是形成和加剧我国"三农"问题的重要原因。从根本上解决"三农"问题的重要途径就是减少农民，使农村剩余劳动力转移到非农产业。从目前来看，民营的中小型企业是"农民工"的主要雇主，提供了大量的工作岗位。今后，应当进一步发展中小民营企业，为农民从事非农产业提供出路。

二、规范农村地方治理

农村地方治理与农村金融活动的关系应是相互促进的。良好的农村地方治理将为农村金融组织的经营创造良好的生态环境，农村金融主体的经营活动也会为地方治理提供资金支持。二者良性互动，协同发展。

（1）深化地方政府职能转换。改革开放以后，农村地方政府承担的事务和支出大幅度增加，地方税收收入难以满足日益增加的支出需要，这是造成地方政府竭力追求农村金融组织资源的重要原因。地方政府的支出过快增长的根源在于农村的市场化改革不到位，地方政府承担了大量应由市场承担的事项。其具体表现为政府在微观经济领域的越位，导致投资支出比重过大。对此，今后必须进一步加快农村地方政府职能改革，真正明确政府和市场的边界。发展农村经济无疑需要当地政府的干预和调控，但是，其目的应当仅限于弥补市场失灵。因此，在当前条件下，地方政府要改变唯 GDP 中心的工作重心，逐步向公共服务政府转变。

（2）改革地方政府政绩考核方式。农村地方政府的投资冲动和控制本地金融资源的重要诱因之一，是在干部考核任用机制中长期以来过分强调 GDP 标准，严格的经济指标考核下的职位晋升制度引发了强烈的地方投资扩张冲动和对地方金融组织资金的控制。因此，必须通过建立市场化的考核干部机制使地方政府走出 GDP 至上的误区，把当地社会的经济社会协调发展，如公共服务、公共设施水平、公共环境、市场秩序和制度建设等纳入地方政府工作能力的考核标准。

（3）推进农村投融资体制改革。农村投融资体制改革，是确立农村地方企业在竞争性领域的投资主导地位，规范农村地方政府的盲目投资行为，遏制农村地方政府对农村金融组织的资源争夺，从而提高农村金融资源的利用效率的必要手段。农村投融资体制改革的总体方向，是在国家宏观调控下，按照谁投资、谁决策、谁受益、谁承担风险的原则，更好地发挥市场机制对经济活动的调节作用，确立农村地方企业的投资主体地位，逐步规范政府的投资行为，建立投资主体进行自主决策、金融机构开展独立审贷、采取多样化的融资方式、中介服务进一步规范、地方政府宏观调控有力的农村投融资体制。

三、营造良好法制环境

法制环境是农村金融生态环境的重要组成部分。金融生态概念提出之初，周小川认为法治环境是影响金融生态的最直接和最重要的因素。从中国的实际情况来看，法治环境与政务环境密不可分。我国超过 80% 的法律属于法规和部门规章，行政机关是执行者，法治环境受到行政力量的深刻影响。如果司法公正，发生问题即能得到公平、公正的解决，良好的金融生态就容易形成。营造良好的法制环境主要应从以下几个方面着手。

（1）完善相关法律制度。我国农村的融资体制以间接融资为主，农村企业融资主要来自农村金融组织贷款，农村金融组织作为债权人，其利益应当得到充分的尊重和保护。但是，我国法律制度在这方面还不尽完善，具体而言，例如，金融机构在《企业破产法》规定的清算程序上位于最后，《中华人民共和国刑法》（以下简称《刑法》）对故意提供虚假的财务资料骗取贷款的企业没有明确规定刑事责任，等等。因此，首先应当尽快修订完善《企业破产法》《刑法》《担保法》《物权法》等法律法规，严厉追究恶意逃废债务的自然人和企业法人代表的刑事责任，从根本上加大法律的威慑力。通过完善破产法，使贷款人能够采用法律手段，以破产起诉作为制约借款人的重要措施。同时，对涉及解决债务人的社会保障等问题通过相应立法进行规范，以保障债权人的合法权益。在《物权法》修订中，应考虑解决在债务人违约后享有优先受偿权的抵押物所有权的转移问题。

（2）地方政府强化依法行政。目前，农村地方政府干预或者变相干预农村金融组织信贷业务的情况仍然比较普遍，干预司法公正问题在一些地方仍不同程度地存在。农村地方政府应自觉克服地方保护主义，大力支持司法公正，保障政府信用，杜绝不当行政干预。此外，还要积极帮助农村金融组织运用法律手段维护金融债权，防止企业借改制之机逃废金融债务的行为。

（3）加大金融案件执法力度。当前，在农村金融案件中，案件的审结率和执结率不高是维护金融债权面临的突出问题。因此，在处理和协调农村经济金融事务中，要真正做到有法必依，执法必严，在已有法律框架约束下的所有领域都要做到这一点。同时，在农村经济金融活动中司法的力度应该加强，司法部门应从改善区域投资环境、维护经济发展大局出发，进一步强化司法公正，加大对失信行为的打击力度，重点是要提高案件执结率。

四、规范农村信用秩序

良好的信用环境有利于降低农村金融市场的交易成本，促进交易顺利进行，提高金融的运行效率。良好的社会信用有利于增加农村金融组织对农村金融市场的供给，促进农村经济发展。健全的信用体系有利于完善的农村金融体系的建立及其金融功能的充分发挥。当前农村信用的缺失是农村金融组织不良贷款居高不下和农村金融供给不足，从而阻碍农村经济进一步发展的重要原因之一。完善农村信用环境主要应从以下几个方面着手。

（1）建立农村信用环境综合治理机制。信用环境的改善离不开社会环境、行政环境和执法环境的支持。要打造良好的农村信用环境，首先，政府要建立诚信。从信用结构来说，政府信用是最大的信用，整个社会信用都是基于政府信用来推动和发展的。在经济转轨过程中，政府信用更是一个杠杆和支点。政府加强自身的信用建设，要转变政府的行政方式，克服政策多变，杜绝执法的随意性，减少政府行为的短期性，增加行政和司法的透明度，加大执法力度，改进执法环境，提高依法行政水平，提高行政公信力。其次，要发挥政府在信用环境整治中的主导作用。由政府牵头成立，由政府、司法等职能部门和金融机构组成整治农村信用环境领导小组，建立整治农村信用环境联席会议制度，具体督查领导小组有关决议的贯彻落实等日常工作。最后，要把整治农村信用环境工作列入政府、司法等职能部门的年度工作目标责任制，形成齐抓共管、综合治理的整治农村信用环境工作机制。

（2）建立农村信用等级评审机制。各级政府要按照"从上而下，递次完善"的原则，逐步建立健全农村信用环境创建工作领导机构和办事机构，逐步展开信用户、信用村、信用乡镇、信用企业的创建和评定工作；政府要大力规范和发展中介组织，由信用中介组织将分散的信用信息统一征集，建立统一、规范的企业、农户信用信息记录制度和信用公共信息平台，并向社会开放，为经济主体提供服务。当前，要建立农村信用评级认定小组，行政村与乡镇农村信用社组成信用户评定小组，乡镇政府与县市农村信用联社组成农村信用村评定小组，制定好相应的评审标准和办法，广泛开展评定"信用村""信用户"活动，逐步形成政府领导、社村配合、村组响应、村民参与的综合推进、良性互动的农户信用等级系统，最后将其纳入全社会信用体系当中。

（3）建立失信约束惩罚机制。失信惩罚机制应有三个环节：市场约束、政府监管与法律惩治。在市场经济条件下，市场具有内生的自动惩罚机制或"自净化"功能，市场主体的信用能通过市场本身加以建立并逐步延伸，失信行为能得到较好的抑制；而且，市场对失信行为的约束最直接，成本最低。经验告诉我们，对一个不守信者的最大惩罚，既不是道德上的谴责，也不是一般性罚款或诉诸法庭，而是将其排斥在市场交易之外。而农村的市场化程度较低，市场约束的作用较弱。因此，政府监管与法律惩治应该是农村失信惩罚的主要机制。政府应当依据现有法律法规，立足本地实际尽早建立失信约束惩罚机制，这是营造良好的农村信用环境直至整个社会信用环境的关键。一是完善舆论监督制度，建立"不守信用农户、村组、企业黑名单"制度，对于恶意逃废债企业和农户，利用各种媒体，通过多种形式予以公开曝光，使其借贷无门，信誉扫地，失信于农村信用社就失信于社会。二是完善部门制裁制度和法律保障机制，依靠政府及司法部门，运用行政的、经济的、法律的手段对失信者予以严厉制裁，强迫其规范信用行为，要在制度和法规上让失信者承担其行为造成的损害责任。

结 论

2004 年，时任中国人民银行行长周小川在"经济学 50 人论坛"上，将具有社会科学性质的"金融"与具有自然科学性质的"生态"有机地结合，形成"金融生态"的概念，此后，在国内兴起了研究"金融生态"问题的热潮。人们发现，当运用生态学的原理和方法来分析和考察金融问题时，金融展现出明显的生态学特征。例如，金融体系表现出由简单到复杂的渐进演化，金融发展面临优胜劣汰的激烈竞争，金融机构和金融产品存在多样性，金融参与者存在普遍的联系，并且它们之间存在动态平衡等特点。金融生态就是金融以及影响金融生存发展的各种因素所构成的一个有机系统，是多元化金融主体为谋求生存和发展，在特定的生存环境中共同构建的复杂联系、有序竞争、良性协作的动态平衡系统。

农村金融是现代金融的重要组成部分，随着经济的发展，农村金融改革和发展的进程在逐步加快。但是，中国的渐进式金融制度和以机构调整为改革主体思路的变迁路径，决定了农村金融处于改革的弱势地位。农村金融生态面临的发展困境和优化问题更加突出。构建符合中国农村金融发展需要的新农村金融生态系统，对于深化中国农村金融体制改革至关重要。

一、主要结论

本书通过研究，得出以下主要结论：

（1）农村金融生态是一个仿生概念，是具有社会科学意义的金融与自然科学性质的生态的有机结合所形成的一个综合的、整体的概念。其主要是利用生态学的原理来解释农村金融组织在生存、发展过程中与其生存环境、内在调节机制以及农村金融组织之间的相互联系、相互作用，并通过三者之间的互动联系形成一种动态平衡，来说明农村金融资源配置状况以及农村金融与农村经济发展的关系。

（2）农村金融组织具有丰富的生态学特性。农村金融组织是自利性生命体，在金融生态系统中，其是追求自身利益最大化的金融生物。农村金融组织从最原始的民间借贷形式发展到现代股份制的公司制度，组织形式和结构都发生了深刻的变化，但是其为自身而存在的自利性没有变化。农村金融组织具有进化性，既表现为产权结构、组织形式的演进，也反映出业务范围、工具品种、经营战略的调整，金融组织从简单到复杂、从低级到高级的金融产权结构社会化、金融组织结构复杂化、金融功能强大化的演进特征。农村金融组织具有自适性，其在一定的环境条件下产生，并根据环境的变化调整自身行为，使自己具有与环境相适应的天然倾向。此外，农村金融组织还具有多样性、相互依存性、竞争性等生态学特征。

（3）农村金融系统存在生态位的竞争与排斥。本书经采用某农村地区的金融统计数据，对各金融生态主体在多种资源的占有与竞争上的生态位、生态位宽度、生态位重叠进行具体测算，验证了在该地区农村金融系统中存在的生态分布状况和生态位重叠情况。在农村金融系统中，农村金融生态位是农村金融系统或农村金融生态主体占用资源的种类、丰富程度，以及与环境的适应性。农村金融主体生态位的宽度为农村金融生态主体沿所有可能的资源、环境、生存能力、市场空间和时间等所有变量因子维度上的距离。生态位宽度越大，则该生态主体发挥的生态作用越大，相应的竞争力越强；反之，则竞争力越弱。各农村金融生态主体间的生态位越接近，相互间的竞争就会越激烈；属于同一层次、同一类别的农村金融生态主体间具有较为相似的生态位，竞争较为激烈，它们可以通过分布在不同的区域减弱竞争；如果继续分布在同一区域，必然会由于竞争而导致生态位的分离。在中国农村金融市场上，各金融生态主体之间的竞争是存在的，但仍未形成有效的竞争机制。

（4）农村金融生态系统主要通过三种形式进行调节。农村经济发展、竞争和物质流、信息流和能量流的调节是调节农村金融生态平衡的主要机制。农村经济发展与农村金融生态系统平衡之间形成一个闭合回路，在相互影响的反馈过程中，所有的反馈环均为具有自我强化效果的正反馈。竞争机制对农村金融生态系统的调节作用通过控制金融种群密度来实现，竞争影响农村金融组织的出生率和死亡率，并通过平衡金融产品的价格来控制金融生态主体的进入和退出。农村生态系统中存在与自然生态系统中能量流、物质流和信息流的传递和交换，相应的传递和交换形式为货币循环、信用流动和信息传递。

二、研究局限

（1）统计数据局限。对于很多农村金融问题研究者来说，数据问题是研究过程中遇到的最大困扰。在2007年《涉农贷款专项统计制度》实施之前，基本上没有直接的按照城乡区域和承贷主体划分的农村金融统计数据。按城乡区域划分的农村地区金融数据，需要通过各种方法进行计算或估计；农户金融数据则要根据研究者各自的调查取得。本书研究中，涉农贷款只有2008年以来的3年数据，在历史比较上存在局限性。当然，涉农贷款统计指标自身也存在一定的局限。

（2）评价实证局限。本书设计了农村金融生态评价指标体系和评价模型，但是，受上述数据局限和调查条件的限制，研究中仅选取了一个特定的农村地区进行实际评价的应用，缺乏对不同地域农村金融生态系统评价的横向比较。

参考文献

［1］陆学艺. 中国现代化进程中的社会学［M］//陆学艺文集. 北京：社会科学文献出版社，2005.

［2］Goldsmith，W.. The Determinants of Financal Structure，OECD，1966.

［3］Goldsmith，W.. Financial Structure and Development. New Haven［M］. Yale University Press，1969.

［4］Porter，R. C.. The Promotion of the Banking Habit and Economic Development［J］. Journal of Development Studies，1966（2）.

［5］Mckinnon，R. I.. Money and Capital in Economic Development［M］. The Brookings Institution，1973.

［6］Shaw，E.. Financial Deepening in Economic Development［M］. Oxford University Press，1973.

［7］Galbis，V.. Financial Intermediation and Economic Growth in Less Developed Countries：A Theoretical Approach［J］. Journal of Development Studies，1977（13）.

［8］Mathieson，D. J.. Financial Reform and Stabilization Policy in A Developing Economy［J］. Journal of Development Economics，1980（7）.

［9］Fry，R. G.. Mondels of Financially Repress Developing Economics［J］. World Development，1987（10）.

［10］Greenwood，J. and B. Jovanovic. Financial Development，Growth，and the Distribution of Income［J］. Journal of Politic Economy，1990（98）.

［11］Bencivenga V. R. and B. D. Smith. Financial Intermediation and Endogenous Growth［J］. Review of Economic Studies，1991（58）.

［12］Levine, R. . Financial Intermediary Service and Growth ［J］. Journal of Japanese and International Economics, 1992.

［13］Levine. R. . Srock Markets, Growth, and Tax Policy ［J］. Journal of Finance, 1991 (46).

［14］Saint – Paul. G. . Technological Choice, Financial Market and Economic Growth ［J］. European Economic Review, 1992 (36).

［15］King, R. G. and Levine. Financial Entrepreneurship, and Growth: Theory and Evidence ［J］. Journal of Monetary Economics, 1993 (32).

［16］J. R. Boatright: Ethics in Finance ［M］. Blackewell Publisher, 1999.

［17］黄季焜. 改革以来中国农业资源配置效率的变化及评价 ［J］. 中国农村观察, 1999 (2).

［18］中国社会科学院农村发展研究所, 国家统计局农村社会经济调查总队. 中国农村经济形势分析与预测 ［M］. 北京: 社会科学文献出版社, 1999 – 2002.

［19］刘仁伍. 新农村建设中的金融问题研究 ［M］. 北京: 中国金融出版社, 2006.

［20］尚玉昌. 普通生态学 ［M］. 2 版. 北京: 北京大学出版社, 2002.

［21］曹凑贵. 生态学概论 ［M］. 2 版. 北京: 高等教育出版社, 2006.

［22］徐诺金. 金融生态论: 对传统金融理念的挑战 ［M］. 北京: 中国金融出版社, 2007.

［23］阿弗里德·马歇尔. 经济学原理 ［M］. 北京: 华夏出版社, 2005.

［24］代金奎, 滕春强. 金融生态问题研究综述 ［M］. 上海: 济南金融, 2007 (2).

［25］罗纳德·I. 麦金农. 经济发展中的货币与资本 ［M］. 上海: 上海三联书店, 1988.

［26］爱德华·S. 肖. 经济发展中的金融深化 ［M］. 上海: 上海三联书店, 1992.

［27］斯蒂格利茨. 通往货币经济学的新范式 ［M］. 北京: 中信出版社, 2005.

［28］曾建中. 论金融生态系统提出的理论的渊源及其假设条件 ［J］. 金融理论与实践, 2007 (7).

［29］Gurley John, Edward S. . Financial aspects of economic development ［J］. American Economic Review, 1955 (9).

［30］Edward S. Shaw. Financial intermediaes and the saving – investment process ［J］. Journal of Finiancel, 1956 (2).

［31］ Goldsmith R W. Financial Structure and economic growth in advanced countries. Capital Formation and Economic Growth ［M］. Princeton University Press，1955.

［32］ Gurley J G.，E. S. Shaw. Money in a theory of finance ［M］. Brookings Institution，1960.

［33］ Dutta J.，S. Kapur. Liquidity preference and financial intermediation ［J］. Review of Economic Studies，1998（3）.

［34］ King R G，R Levine. Finance and growth：Schumpeter might be right ［J］. Quarterly Journal of Economics，1993.

［35］ Levine R. S Zervos. Stock markets，banks and economic growth ［J］. American Economic Review，1998.

［36］ Rajan，Luigi Zingales. Financial dependence and growth ［J］. American Economic Review，1998（6）.

［37］ Levine，Ross. Financial development and economic growth：views and agenda ［J］. Journal of Economic Literature，1997（6）.

［38］ Merton R.，Z. Bodie. A functional perspective of financial intermediation ［J］. Financial Management，1993.

［39］ 周小川. 完善法律制度，改进金融生态 ［N］. 金融时报，2004 – 12 – 07.

［40］ 李扬，王国刚，刘煜辉. 中国城市金融生态环境评价 ［M］. 北京：人民出版社，2005.

［41］ 徐诺金. 论我国的金融生态问题 ［J］. 金融研究，2005（2）.

［42］ 苏宁. 金融生态环境的基本内涵 ［J］. 金融信息参考，2005（10）.

［43］ 张鹏，姜玉东. 我国金融生态体系的改进与优化 ［J］. 财经科学，2005（4）.

［44］ 萧安富，徐彦斐. 金融生态与资金配置效率的一个微观解释：自贡案例研究 ［J］. 金融研究，2005（6）.

［45］ 曾康霖. 刍议金融生态 ［J］. 中国金融，2007（18）.

［46］ 杨子强. 坚持六个结合，促进区域经济与金融和谐发展 ［N］. 金融时报，2006 – 12 – 26.

［47］ 李晓西. 借助生态的理念来思考金融法制环境的功能 ［J］. 金融管理与研究，2006（4）.

［48］ 皮天雷. 金融生态的法律制度研究：基于新制度经济学的分析 ［J］. 金融理论与实践，2006（2）.

[49] 齐亚莉. 中国金融生态问题研究 [D]. 成都：西南财经大学，2006.

[50] 敖惠诚. 优化区域金融生态是超越"马太效应"的关键环节 [J]. 中国金融，2005 (24).

[51] 贾广军. 以完善社会信用体系为突破口切实改进辖区金融生态 [J]. 济南金融，2005 (4).

[52] 王旭. 基于改善信息不对称的金融生态中社会信用环境治理研究 [J]. 浙江工商职业技术学院学报，2007，6 (2).

[53] 曹红辉. 对中央差异化政策、地方政府行为与地区金融生态关系的考察 [J]. 经济研究参考，2006 (40).

[54] 张韶辉. 政府行为与金融生态环境问题分析 [J]. 经济纵横，2007 (6).

[55] 李爱喜，章玲超. 农村金融生态功能恢复原理与政策研究 [J]. 财经论丛，2007 (2).

[56] 段军山. 金融和谐与经济发展：基于失衡的金融生态分析 [J]. 中国房地产金融，2007 (4).

[57] 郭晖. 刍议我国和谐农村金融生态主体的构建 [J]. 时代金融，2007 (6).

[58] 吴治民，韩扬. 村镇银行在农村金融生态建设中的作用研究 [J]. 农村金融，2007 (6).

[59] 李毓. 关于构建农村生态环境的思考 [J]. 经济纵横，2007 (7).

[60] 李金峰. 构建和谐农村金融生态环境的思考 [J]. 安徽农业科学，2007，35 (13).

[61] 人民银行德阳市中心支行，绵竹市支行联合课题组. 县域金融生态环境评价指标体系研究报告 [J]. 西南金融，2007 (16).

[62] 徐小林. 区域金融生态环境评价方法 [J]. 金融研究，2005 (11).

[63] 刘晓云. 农村金融生态环境指标体系构建研究——基于信贷资金供需模型的理论视角 [J]. 金融经济，2007 (14).

[64] 人民银行南充市中心支行课题组. 区域金融生态环境质量监测评价研究 [J]. 西南金融，2007 (2).

[65] 谢启标. 农村金融生态体系的改进与优化 [J]. 农村金融研究，2007 (3).

[66] 侯冬梅，苑晓东，吴麟. 农村金融生态环境建设缺陷与改善建议 [J]. 西南金融，2007 (4).

[67] Kormondy E J. Concept of Ecology（4th ed）［M］. Englewood Clifffs：Prentice Hall，1996.

[68] 唐纳德·沃斯特. 自然的经济体系——生态思想史［M］. 侯文蕙，译. 北京：商务印书馆，1999.

[69] 陈大珂. 经济生态学引论［M］. 哈尔滨：东北林业大学出版社，1995.

[70] 杨忠直. 企业生态学引论［M］. 北京：科学出版社，2003.

[71] 黄鲁成. 基于生态学的技术创新行为研究［M］. 北京：科学出版社，2007.

[72] 韩福荣. 质量生态学［M］. 北京：科学出版社，2005.

[73] 孔冬. 管理生态学：一种现代管理新范式［M］. 长春：吉林人民出版社，2006.

[74] 刘京希. 政治生态论：政治发展的生态学考察［M］. 济南：山东大学出版社，2007.

[75] 王兰州，董光前. 人文生态学导论［M］. 兰州：甘肃教育出版社，2000.

[76] 王兰州，阮红. 人文生态学［M］. 北京：国防工业出版社，2006.

[77] 戢斗勇. 文化生态学：珠江三角洲现代化的文化生态研究［M］. 兰州：甘肃人民出版社，2006.

[78] 张静，曹凝蓉，方爱国. 金融生态建设理论与实务［M］. 北京：中国金融出版社，2006.

[79] 黄鲁成. 区域技术创新系统研究：生态学的思考［J］. 科学学研究，2003，21（2）.

[80] 黄鲁成. 研究区域技术创新系统的新思路：关于生态学理论方法的应用［J］. 科技管理研究，2003（2）.

[81] 卢汉川. 当代中国的信用合作事业［M］. 北京：当代中国出版社，2001.

[82] 伍成基. 中国农业银行史［M］. 北京：经济科学出版社，2000.

[83] 李明贤. 新中国60年农村金融改革发展的回顾与展望［J］. 湖南社会科学，2009（5）.

[84] 周脉伏. 农村信用社制度变迁与创新［M］. 北京：中国金融出版社，2006.

[85] 刘锡良，等. 中国转型期农村金融体系研究［M］. 北京：中国金融出版社，2006.

[86] 何广文，等. 中国农村金融发展与制度变迁［M］. 北京：中国财政经济出版社，2005.

[87] 王曙光，等. 农村金融与新农村建设 [M]. 北京：华夏出版社，2006.

[88] 郭家万. 中国农村合作金融 [M]. 北京：中国金融出版社，2006.

[89] 中国人民银行农村金融服务研究小组. 中国农村金融服务报告 2010 [M]. 北京：中国金融出版社，2011.

[90] 徐明亮. 当前我国农村金融生态问题研究 [J]. 经济纵横，2007（2）.

[91] 堪争勇. 新农村建设中农村金融体系的重构 [J]. 广东金融学院院报，2007（3）.

[92] Leibold, M. A.. The niche concept revisited: mechanistic models and community context [J]. Ecology, 1995, 76 (5).

[93] 吴大荣. 福建罗卜岩闽楠林中优势树种生态位研究 [J]. 生态学报，2001，21（5）.

[94] 张光明，谢寿昌. 生态位概念演变与展望 [J]. 生态学杂志，1997，16（6）.

[95] 孙儒泳. 动物生态学原理 [M]. 北京：北京师范大学出版社，1987.

[96] 林开敏，郭玉硕. 生态位理论及其应用研究进展 [J]. 福建林学院学报，2001，21（3）.

[97] 王子龙，谭清美，许箫迪. 基于生态位的集群企业协同进化模型研究 [J]. 科学管理研究，2005（5）.

[98] 王灵梅，张金屯. 生态学理论在生态工业发展中的应用 [J]. 环境保护，2003（7）.

[99] Levins. R.. Evolution in changing environments [M]. Princeton University Press, 1968.

[100] 李庆东，李艳杰，白著玉. 企业核心竞争力及其评价指标体系研究 [J]. 工业技术经济，2002（5）.

[101] 余世孝，奥罗西·L. 物种多维生态位宽度测度 [J]. 生态学报，1994（1）.

[102] 郭水良. 浙江金华北山木本植物种群生态位研究 [J]. 植物研究，1998（3）.

[103] 张彦开，王立志. 生态位理论及其对企业经营管理的启示 [J]. 燕山大学学报，2003（5）.

[104] 李文华，韩福荣. 企业生态位参数计测方法研究 [J]. 北京工业大学学报，2006（4）.

[105] Thompson K. , Gaston K. J.. Range size, Dispersal and Niche Breadth in the Herbaceous flora of Central England [J]. Ecology, 1999 (87).

[106] 纪秋颖，林健. 高校生态位适宜度的数学模型及其应用 [J]. 辽宁工程技术大学学报，2006（增刊）.

[107] 周丹，沛桐，于涛，等. 羊草种群生态位的计算方法 [J]. 东北林业大学学报，1999（3）.

[108] 许芳. 企业生态位原理分析 [J]. 求索，2004（7）.

[109] 朱春全. 生态位态势理论与扩充假说 [J]. 生态学报，1997（5）.

[110] 李自珍，施维林，唐海萍，等. 干旱区植物水分生态位适宜度数学模型 [J]. 中国沙漠，2001（9）.

[111] 于涛. 种群生态位的计算 [J]. 东北大学学报，1998（3）.

[112] Abrams R.. Some Comments on Measuring Niche Overlap [J]. Rcology, 1980 (61).

[113] 曹先彬. 基于生态种群竞争模型的协同进化 [J]. 软科学，2001（4）.

[114] 王子龙，谭清美. 区域创新网络知识溢出效应研究 [J]. 科学管理研究，2004（5）.

[115] 陈兰荪. 数学生态学模型与研究方法 [M]. 北京：北京科学出版社，1988.

[116] 杨效文，马继盛. 生态位有关术语的定义及计算公式评述 [J]. 生态学杂志，1992（2）.

[117] 刘芍佳，李骥. 超产权论与企业绩效 [J]. 经济研究，1998（3）.

[118] 杜晓山. 农村金融体系框架、农村信用社改革和小额信贷 [J]. 中国农村经济，2002（8）.

[119] 张杰. 渐进改革中的金融支持 [J]. 经济研究，1998（10）.

[120] 王芳. 我国农村金融需求和农村金融制度：一个理论框架 [J]. 金融研究，2005（4）.

[121] 马忠富. 中国农村合作金融发展研究 [M]. 北京：中国金融出版社，2001.

[122] 何广文. 中国农村金融供求特征及均衡供求的路径选择 [J]. 中国农村经济，2001（10）.

[123] 中国金融学会. 中国农村金融改革发展三十年 [M]. 北京：中国金融出版社，2008.

[124] 黄薇，于明霞. 农业产业化金融支持弱化成因分析 [J]. 长春金融高等专科学校学报，2007（2）.

[125] 周小斌，李秉龙. 中国农业信贷对农业产出绩效的实证分析 [J]. 中国农村经济，2004 (8).

[126] 邓俊锋，温晓平，杨生斌. 论农业产业化的金融支持体系 [J]. 陕西农业科学，2001 (6).

[127] 王文青，齐卫，乔丽娟，等. 农村金融生态环境关键影响因素的辨识与分析 [J]. 中国农学通报，2010，26 (18).

[128] 孙旸旸. 农村金融生态环境的缺陷分析与优化方略 [J]. 统计与决策，2009 (12).

[129] 陈华，等. 中国农村金融生态优化机制研究 [M]. 北京：经济科学出版社，2009.

[130] 唐赛，程雪松. 中国农村金融生态环境优化研究 [J]. 理论探讨，2009 (1).

[131] 皮天雷，段宇信. 金融生态中的法律制度探讨 [J]. 财经科学，2006 (3).

[132] 陈珣. 论金融抑制、信用机制与经济增长的关系 [J]. 商业时代，2010 (8).

[133] 张鹏，姜玉东. 我国金融生态体系的改进与优化 [J]. 财经科学，2005 (4).

[134] 杨晓丽. 金融脆弱性研究及我国金融脆弱性的生成原因 [J]. 海南金融，2005 (7).

[135] 吴志远. 基于金融生态视角的农村信贷资金外流现象分析 [J]. 湖北社会科学，2007 (2).

[136] 魏海涛. 农村金融生态缺陷及其原因的多视角透视 [J]. 特区经济，2009 (6).

[137] 蔡晓明. 生态系统生态学 [M]. 北京：科学出版社，2000.

[138] 孙儒泳，李博，诸葛阳，等. 普通生态学 [M]. 北京：高等教育出版社，1993.

[139] 张球. 金融生态演化的系统动力学研究 [J]. 生产力研究，2008 (2).

[140] 常杰，葛滢. 生态学 [M]. 杭州：浙江大学出版社，2001.

[141] 徐诺金. 论金融生态平衡的内在调节原理 [J]. 南方金融，2006 (12).

[142] 曾建中. 金融生态系统理论的渊源及其假设条件 [J]. 金融教学与研究，2007 (3).

[143] 吴志远. 基于金融生态视角的农村信贷资金外流现象分析 [J]. 湖北社会科学，2007 (7).

[144] 申茹. 脆弱金融生态的制度矫正 [J]. 西安金融，2005 (9).

[145] 张宏波，江锦斌，罗宽明. 三明市农村金融生态建设实证分析 [J]. 福建金融，2006 (6).

[146] 陈哲明，彭耀辉. 区域金融生态环境评价指标体系及模型构建［J］. 统计与决策，2006（11）.

[147] 李景跃，刘清娟，李季刚. 西部农村金融生态环境评价指标体系的构建［J］. 安徽农业科学，2007（18）.

[148] 杨庆明，谢月华. 区域金融生态系统的评价与分类——基于 SFA 模型的实证研究［J］. 金融与经济，2009（12）.

[149] 谢太峰，王子博. 京沪金融生态环境综合评价及相关建议［J］. 经济与管理研究，2010（3）.

[150] 郭晖. 新疆农村金融生态评价与优化途径研究［D］. 咸阳：西北农林科技大学，2009.

[151] 徐建华. 现代地理学中的数学方法［M］. 北京：高等教育出版社，2002.

[152] 马娟，杨益民. 主成分分析与因子分析之比较及实证分析［J］. 市场研究，2007（3）.

[153] 蒋满霖. 新农村建设中农村金融生态质量的实证分析——以安徽为个案［J］. 华中农业大学学报（社会科学版），2009（1）.

[154] 中国人民银行武汉分行金融生态办公室课题组，赵以邗，方爱国，等. 湖北省金融生态监测评价实践与思考［J］. 武汉金融，2010（10）.

[155] 胡滨. 区域金融生态环境评价方法与实证研究［J］. 经济管理，2009，31（6）.

[156] 何剑. 金融生态环境质量评价与分析——以新疆为例［J］. 生态经济，2010（9）.

[157] 黄国平，刘煜辉. 中国金融生态环境评价体系设计与分析［J］. 系统工程理论与实践，2007（6）.

[158] 王秀芳. 金融生态环境评价问题研究［J］. 金融理论与实践，2006（9）.

[159] 赵克勤. 集对分析对不确定性的描述和处理［J］. 信息与控制，1995，24（3）.

[160] 姚杰，刘春燕. 我国金融生态环境综合评价：集对分析方法［J］. 金融经济，2010（12）.

[161] 张瑞怀. 基于 BP 神经网络模型的农村金融生态环境综合评价［J］. 金融理论与实践，2006（10）.

［162］中国人民银行洛阳市中心支行课题组. 区域金融生态环境评价指标体系研究
［J］. 金融理论与实践，2006（1）.

［163］常相全，张守凤. 基于 AHP/DEA 的农村金融生态环境评价［J］. 统计与决策，
2008（11）.

［164］MacArthur R H，Levins R. The limiting similarity，convergence and divergence of
coexisting species［J］. The American Naturalist，1967（10）.

附　录

附录 1

全部金融机构涉农贷款（本外币）统计表

（2010 年 12 月 31 日）　　　　　　　　　单位：亿元,%

	余额		当年新增额		同比增长
	本期	占各项贷款比重	本期	占各项贷款比重	
涉农贷款	117 657.5	23.1	26 341.8	31.5	28.9
一、按用途分类	117 657.5	23.1	26 341.8	31.5	28.9
（一）农林牧渔业贷款	23 044.7	4.5	3 556.8	4.3	18.3
（二）农用物资和农副产品流通贷款	11 830.4	2.3	412.6	0.5	3.6
（三）农村基础设施建设贷款	15 617.4	3.1	3 532.0	4.2	29.2
（四）农产品加工贷款	6 992.3	1.4	1 815.5	2.2	35.1
（五）农业生产资料制造贷款	3 900.7	0.8	989.1	1.2	34.0
（六）农田基本建设贷款	1 535.5	0.3	336.5	0.4	28.1
（七）农业科技贷款	339.7	0.1	30.7	0.0	9.9
（八）其他	54 396.9	10.7	15 668.6	18.7	40.5
二、按城乡地域分类	117 657.5	23.1	26 341.8	31.5	28.9
（一）农村贷款	98 017.4	19.2	23 466.6	28.1	31.5
1. 农户贷款	26 043.3	5.1	5 908.9	7.1	29.4
2. 农村企业及各类组织贷款	71 974.1	14.1	17 557.7	21.0	32.3
（二）城市企业及各类组织涉农贷款	19 640.2	3.9	2 875.2	3.4	17.2

	余额		当年新增额		同比 增长
	本期	占各项 贷款比重	本期	占各项 贷款比重	
三、按受贷主体分类	117 657.5	23.1	26 341.8	31.5	28.9
（一）农户贷款	26 043.3	5.1	5 908.9	7.1	29.4
（二）企业贷款	83 331.4	16.4	19 668.7	23.5	30.9
1. 农村企业贷款	65 558.5	12.9	16 989.7	20.3	35.0
其中：农村中小企业贷款	37 868.2	7.4	11 286.9	13.5	42.5
2. 城市企业涉农贷款	17 772.9	3.5	2 679.0	3.2	17.8
（三）各类非企业组织贷款	8 282.9	1.6	764.2	0.9	10.2
1. 农村各类组织贷款	6 415.6	1.3	568.0	0.7	9.7
2. 城市各类组织涉农贷款	1 867.3	0.4	196.2	0.2	11.7

资料来源：中国人民银行农村金融服务研究小组. 中国农村金融服务报告 2010 ［M］. 北京：中国金融出版社，2011.

附录 2

金融机构本外币农户贷款统计表

（2010 年 12 月 31 日） 单位：亿元,%

	余额		当年新增额		同比 增长
	本期	占各项贷款比重	本期	占各项贷款比重	
农户贷款	26 043.3	5.1	5 908.9	7.1	29.4
一、按用途分类					
1. 农户生产经营贷款	21 937.7	4.3	4 563.3	5.5	26.3
农户农林牧渔业贷款	13 102.6	2.6	2 259.7	2.7	20.8
农户其他生产经营贷款	8 835.1	1.7	2 303.7	2.8	35.3
2. 农户消费贷款	4 105.5	0.8	1 345.6	1.6	48.8
其中：助学贷款	93.9	0.0	-22.6	0.0	-19.4
二、按信用形式分类					
1. 信用贷款	4 762.9	0.9	535.9	0.6	12.7
其中：农户小额信用贷款	3 111.0	0.6	398.1	0.5	14.7

	余额		当年新增额		同比增长
	本期	占各项贷款比重	本期	占各项贷款比重	
2. 保证贷款	12 687.5	2.5	2 812.5	3.4	28.5
其中：农户联保贷款	3 033.2	0.6	652.9	0.8	27.4
3. 抵押贷款	8 187.1	1.6	2 496.3	3.0	43.9
4. 质押贷款	405.7	0.1	64.1	0.1	18.8

资料来源：中国人民银行农村金融服务研究小组. 中国农村金融服务报告 2010 ［M］. 北京：中国金融出版社，2011.

附录3

各类金融机构涉农贷款及不良贷款

（2010 年 12 月 31 日）　　　　　单位：亿元,%

	涉农贷款		涉农不良贷款			
			余额		比率	
	余额	同比增长	本期	同比增长	本期	同比增减百分点
全部金融机构	117 657.54	28.85	4 812.79	− 11.33	4.09	− 1.85
中资全国性大型银行	48 481.08	30.43	840.76	− 5.73	1.73	− 0.67
中资中型银行	25 480.55	26.65	545.31	− 9.28	2.14	− 0.85
中资小型银行	16 968.20	56.46	355.11	− 0.55	2.09	− 1.20
城市信用合作社	16.23	− 57.96	2.14	− 52.04	13.18	1.63
农村信用合作社	26 616.93	15.30	3 069.46	− 14.09	11.53	− 3.95
中资财务公司	94.56	61.20	0.00	− 100.00	0.00	− 0.12

资料来源：中国人民银行农村金融服务研究小组. 中国农村金融服务报告 2010 ［M］. 北京：中国金融出版社，2011.

附录4

各地涉农贷款和"三农"贷款占比

（2010 年 12 月 31 日）　　　　　　单位：亿元,%

	各项贷款余额	涉农贷款情况					
		余额	同比增长	占比			
				涉农贷款/各项贷款	农村贷款/各项贷款	农业贷款/各项贷款	农户贷款/各项贷款
全国	509 226.79	117 657.54	28.85	23.11	19.25	4.53	5.11
北京市	36 479.58	1 162.69	42.30	3.19	1.58	0.47	0.12
天津市	13 774.11	1 138.09	59.37	8.26	3.33	0.88	0.65
河北省	15 948.91	5 149.32	28.40	32.29	29.45	6.86	7.30
山西省	9 728.68	3 283.56	35.50	33.75	29.98	7.29	7.96
内蒙古自治区	7 992.59	2 414.49	57.73	30.21	23.87	9.33	6.28
辽宁省	19 622.04	2 990.19	32.78	15.24	12.42	4.79	3.70
吉林省	7 279.62	2 056.17	21.90	28.25	20.86	9.49	6.53
黑龙江省	7 390.62	2 754.96	33.23	37.28	27.04	15.27	12.39
上海市	34 154.17	936.93	15.21	2.74	0.82	0.22	0.14
江苏省	44 180.21	14 939.60	29.27	33.82	31.48	2.02	4.27
浙江省	46 938.54	17 851.39	26.38	38.03	36.12	1.46	7.65
安徽省	11 736.53	3 093.29	33.67	26.36	20.03	6.54	7.62
福建省	15 920.84	4 561.80	31.80	28.65	26.36	3.68	6.03
江西省	7 843.28	2 696.97	24.07	34.39	28.58	11.04	10.89
山东省	32 536.29	11 590.77	25.95	35.62	32.08	8.97	8.35
河南省	16 006.98	5 997.08	27.61	37.47	31.82	13.30	10.63
湖北省	14 609.66	2 985.11	33.10	20.43	14.31	4.92	3.49
湖南省	11 521.67	3 109.96	19.88	26.99	22.92	8.92	9.30
广东省	51 799.30	4 555.57	16.28	8.79	5.59	1.22	1.87
广西壮族自治区	8 979.87	2 556.02	33.98	28.46	20.05	9.82	9.34
海南省	2 509.72	538.45	49.19	21.45	15.12	4.61	1.87

	各项贷款余额	涉农贷款情况					
		余额	同比增长	占比			
				涉农贷款/各项贷款	农村贷款/各项贷款	农业贷款/各项贷款	农户贷款/各项贷款
重庆市	10 999.87	1 970.52	25.46	17.91	10.60	3.04	2.64
四川省	19 485.74	5 799.89	30.52	29.76	24.33	5.99	6.34
贵州省	5 771.74	2 088.14	41.03	36.18	27.64	6.30	10.20
云南省	10 705.99	3 604.94	22.76	33.67	24.08	8.46	8.76
西藏自治区	301.82	56.27	11.14	18.64	16.91	6.56	16.40
陕西省	10 222.20	1 952.23	25.03	19.10	15.73	8.29	8.82
甘肃省	4 576.68	1 648.00	38.95	36.01	29.34	12.95	13.26
青海省	1 832.81	641.25	40.28	34.99	22.75	3.74	2.37
宁夏回族自治区	2 419.89	738.89	25.63	30.53	26.77	6.61	9.76
新疆维吾尔自治区	5 211.38	2 278.59	41.55	43.72	38.33	12.83	7.25

资料来源：中国人民银行农村金融服务研究小组. 中国农村金融服务报告 2010 ［M］. 北京：中国金融出版社，2011.

附录 5

农村金融生态层次模型指标比较调查问卷

_____:

非常感谢您参加此次调查，请您按照问卷说明填答。

一、问题描述

此调查问卷以农村金融生态层次模型指标相对重要性为调查目标，对其多种影响因素使用层次分析法进行分析。层次模型如下图：

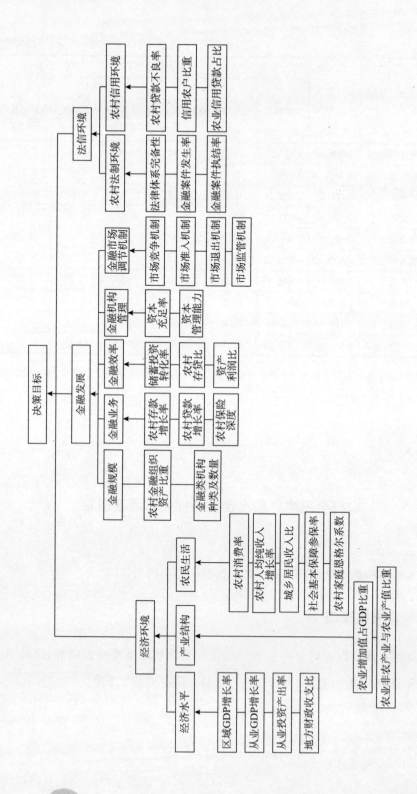

二、问卷说明

此调查问卷的目的在于确定农村金融生态指标体系各影响因素之间的相对权重。调查问卷根据层次分析法（AHP）的形式设计。这种方法是在同一个层次对影响因素重要性进行两两比较。衡量尺度划分为 5 个等级，分别是绝对重要、十分重要、比较重要、稍微重要、同样重要，分别对应 9、7、5、3、1 的数值。靠左边的衡量尺度表示左列因素重要于右列因素，靠右边的衡量尺度表示右列因素重要于左列因素。根据您的看法，在对应方格中打钩即可。

示例：您认为一辆汽车的安全性重要，还是价格重要？如果您认为一辆汽车的安全性相对于价格十分重要，那么请在左侧（十分重要）下边的方格打钩。

样表：对于评价汽车，各影响因素的相对重要程度表

A	评价尺度									B
	9	7	5	3	1	3	5	7	9	
安全性										价格

注：衡量尺度划分为 5 个等级，分别是绝对重要、十分重要、比较重要、稍微重要、同样重要，分别对应 9、7、5、3、1 的数值。

三、问卷内容

• 第 2 层要素

■ 评估"决策目标"的相对重要性

影响因素	说明
法信环境	包括：农村信用环境，农村法制环境
金融发展	包括：金融规模，金融业务，金融效率，金融机构管理，金融市场调节机制
经济环境	包括：经济水平，产业结构，农民生活

下列各组比较要素，对于"决策目标"的相对重要性如何？

A	评价尺度									B
	9	7	5	3	1	3	5	7	9	
法信环境										金融发展
法信环境										经济环境
金融发展										经济环境

● 第 3 层要素

■ 评估"法信环境"的相对重要性

影响因素	说明
农村信用环境	包括：
农村法制环境	包括：

下列各组比较要素，对于"法信环境"的相对重要性如何？

A	评价尺度									B
	9	7	5	3	1	3	5	7	9	
农村信用环境										农村法制环境

■ 评估"金融发展"的相对重要性

影响因素	说明
金融规模	包括：
金融业务	包括：
金融效率	包括：
金融机构管理	包括：
金融市场调节机制	包括：

下列各组比较要素，对于"金融发展"的相对重要性如何？

A	评价尺度									B
	9	7	5	3	1	3	5	7	9	
金融规模										金融业务
金融规模										金融效率
金融规模										金融机构管理

A	评价尺度									B
	9	7	5	3	1	3	5	7	9	
金融规模										金融市场调节机制
金融业务										金融效率
金融业务										金融机构管理
金融业务										金融市场调节机制
金融效率										金融机构管理
金融效率										金融市场调节机制
金融机构管理										金融市场调节机制

■ 评估"经济环境"的相对重要性

影响因素	说明
经济水平	包括：
产业结构	包括：
农民生活	包括：

下列各组比较要素，对于"经济环境"的相对重要性如何？

A	评价尺度									B
	9	7	5	3	1	3	5	7	9	
经济水平										产业结构
经济水平										农民生活
产业结构										农民生活

● 第 4 层要素

■ 评估"农村信用环境"的相对重要性

影响因素	说明
农村贷款不良率	包括：
信用农户比重	包括：
农业信用贷款占比	包括：

下列各组比较要素，对于"农村信用环境"的相对重要性如何？

A	评价尺度									B
	9	7	5	3	1	3	5	7	9	
农村贷款不良率										信用农户比重
农村贷款不良率										农业信用贷款占比
信用农户比重										农业信用贷款占比

■ 评估"农村法制环境"的相对重要性

影响因素	说明
法律体系完备性	包括：
金融案件发生率	包括：
金融案件执结率	包括：

下列各组比较要素，对于"农村法制环境"的相对重要性如何？

A	评价尺度									B
	9	7	5	3	1	3	5	7	9	
法律体系完备性										金融案件发生率
法律体系完备性										金融案件执结率
金融案件发生率										金融案件执结率

■ 评估"金融规模"的相对重要性

影响因素	说明
农村金融组织资产比重	包括：
金融类机构种类及数量	包括：

下列各组比较要素，对于"金融规模"的相对重要性如何？

A	评价尺度									B
	9	7	5	3	1	3	5	7	9	
农村金融组织资产比重										金融类机构种类及数量

■ 评估"金融业务"的相对重要性

影响因素	说明
农村存款增长率	包括：
农村贷款增长率	包括：
农业保险深度	包括：

下列各组比较要素，对于"金融业务"的相对重要性如何？

A	评价尺度									B
	9	7	5	3	1	3	5	7	9	
农村存款增长率										农村贷款增长率
农村存款增长率										农业保险深度
农村贷款增长率										农业保险深度

■ 评估"金融效率"的相对重要性

影响因素	说明
储蓄投资转化率	包括：
农村存贷比	包括：
资产利润率	包括：

下列各组比较要素，对于"金融效率"的相对重要性如何？

A	评价尺度									B
	9	7	5	3	1	3	5	7	9	
储蓄投资转化率										农村存贷比
储蓄投资转化率										资产利润率
农村存贷比										资产利润率

■ 评估"金融机构管理"的相对重要性

影响因素	说明
资本充足率	包括：
资本管理能力	包括：

下列各组比较要素，对于"金融机构管理"的相对重要性如何？

A	评价尺度									B
	9	7	5	3	1	3	5	7	9	
资本充足率										资本管理能力

■ 评估"金融市场调节机制"的相对重要性

影响因素	说明
市场竞争机制	包括：
市场监管机制	包括：
市场准入机制	包括：
市场退出机制	包括：

下列各组比较要素，对于"金融市场调节机制"的相对重要性如何？

A	评价尺度									B
	9	7	5	3	1	3	5	7	9	
市场竞争机制										市场监管机制
市场竞争机制										市场准入机制
市场竞争机制										市场退出机制
市场监管机制										市场准入机制
市场监管机制										市场退出机制
市场准入机制										市场退出机制

■ 评估"经济水平"的相对重要性

影响因素	说明
区域 GDP 增长率	包括：
农业 GDP 增长率	包括：
农业投资产出率	包括：
地方财政收支比	包括：

下列各组比较要素，对于"经济水平"的相对重要性如何？

A	评价尺度									B
	9	7	5	3	1	3	5	7	9	
区域 GDP 增长率										农业 GDP 增长率
区域 GDP 增长率										农业投资产出率
区域 GDP 增长率										地方财政收支比
农业 GDP 增长率										农业投资产出率
农业 GDP 增长率										地方财政收支比
农业投资产出率										地方财政收支比

■ 评估"产业结构"的相对重要性

影响因素	说明
农业增加值占 GDP 比重	包括:
农村非农产业与农业产值比重	包括:

下列各组比较要素，对于"产业结构"的相对重要性如何？

A	评价尺度									B
	9	7	5	3	1	3	5	7	9	
农业增加值占 GDP 比重										农村非农产业与农业产值比重

■ 评估"农民生活"的相对重要性

影响因素	说明
农村消费率	包括:
农民人均纯收入增长率	包括:
城乡居民收入比	包括:
社会基本保障参保率	包括:
农村家庭恩格尔系数	包括:

下列各组比较要素，对于"农民生活"的相对重要性如何？

A	评价尺度									B
	9	7	5	3	1	3	5	7	9	
农村消费率										农民人均纯收入增长率
农村消费率										城乡居民收入比
农村消费率										社会基本保障参保率
农村消费率										农村家庭恩格尔系数
农民人均纯收入增长率										城乡居民收入比
农民人均纯收入增长率										社会基本保障参保率
农民人均纯收入增长率										农村家庭恩格尔系数
城乡居民收入比										社会基本保障参保率
城乡居民收入比										农村家庭恩格尔系数
社会基本保障参保率										农村家庭恩格尔系数